Iniciação à Vivência Cristã I

Formando Equipes de Iniciação à Vida Cristã

Dados Internacionais de Catalogação na Publicação (CIP)
(Câmara Brasileira do Livro, SP, Brasil)

Pagnussat, Leandro Francisco. Iniciação à Vivência Cristã : formando equipes de Iniciação à Vida Cristã / Leandro Francisco Pagnussat, Maria Augusta Borges. – 1. ed. – Petrópolis, RJ : Vozes, 2013. – (Iniciação à Vivência Cristã ; v. I)

Bibliografia
ISBN 978-85-326-4563-0

1. Catequese – Igreja Católica 2. Catecumenato 3. Evangelização 4. Mistagogia 5. Ritos iniciáticos – Aspectos religiosos – Igreja Católica 6. Sacramentos – Igreja Católica 7. Vida cristã I. Borges, Maria Augusta. II. Título. III. Série.

13-03886   CDD-268.82

Índices para catálogo sistemático:
1. Iniciação à Vivência Cristã : Catequese : Igreja Católica : Cristianismo 268.82

Leandro Francisco Pagnussat
Maria Augusta Borges

Iniciação à Vivência Cristã I

Formando Equipes de Iniciação à Vida Cristã

Petrópolis

© 2013, Editora Vozes Ltda.
Rua Frei Luís, 100
25689-900 Petrópolis, RJ
Internet: http://www.vozes.com.br
Brasil

Todos os direitos reservados. Nenhuma parte desta obra poderá ser reproduzida ou transmitida por qualquer forma e/ou quaisquer meios (eletrônico ou mecânico, incluindo fotocópia e gravação) ou arquivada em qualquer sistema ou banco de dados sem permissão escrita da editora.

Diretor editorial

Frei Antônio Moser

Editores

Aline dos Santos Carneiro

José Maria da Silva

Lídio Peretti

Marilac Loraine Oleniki

Secretário executivo

João Batista Kreuch

Editoração: Raquel Fernandes

Projeto gráfico e diagramação: Ana Maria Oleniki

Capa: Ana Maria Oleniki

Ilustração de capa: Graph-it

ISBN 978-85-326-4563-0

Editado conforme o novo acordo ortográfico.

Este livro foi composto e impresso pela Editora Vozes Ltda.

Dedicamos esta obra aos bispos evangelizadores e catequistas da Igreja, desde os primeiros séculos; e aos presbíteros, seus colaboradores, que juntos se dedicam à formação, multiplicando o número daqueles que assumem o seguimento do caminho de Jesus.

Agradecemos a Marilac Loraine Oleniki pela luz e entusiasmo com que nos acompanhou, desde o início de nossa trajetória.

Sumário

Apresentação 9

Introdução 11

1. Catequese de Iniciação à Vida Cristã:
   Uma experiência de fé, amor e testemunho 15

2. Como organizar e formar a Equipe de Catequese
   de Iniciação à Vida Cristã 19

   2.1 Os ministérios ordenados 24

   2.2 O ministério dos(as) catequistas 26

3. Preparação da Equipe 28

4. Encontros de formação e organização da Equipe
   de Catequese de Iniciação à Vida Cristã 30

   Primeiro encontro – Iniciação à Vida Cristã 33

   Segundo encontro – O ministério dos acompanhantes 42

   Terceiro encontro – Acompanhamento espiritual 50

   Quarto encontro – Convocando os jovens e os adultos 59

   Quinto encontro – Acolhendo os jovens e os adultos 63

5. Prosseguindo o estudo a partir das orientações
   do Ritual de Iniciação Cristã de Adultos 69

Referências 81

Os autores 83

Apresentação

É com muita satisfação que apresento este primeiro volume de um itinerário de Iniciação à Vida Cristã de inspiração catecumenal. Os autores, antes de escreverem este livro, experimentaram-no com um grupo de jovens e adultos, todos com sede de aprofundar a sua fé e de se integrar melhor numa comunidade cristã. Aliás, toda a comunidade esteve envolvida neste novo modelo de catequese. Pude perceber o entusiasmo, tanto daqueles que estavam sendo acompanhados como dos acompanhantes dos catequistas.

O *Documento de Aparecida* pede "uma conversão pastoral"[1] e diz: "Nossa maior ameaça é o medíocre pragmatismo da vida cotidiana da Igreja, no qual, aparentemente, tudo procede com normalidade, mas na verdade a fé vai se desgastando e degenerando em mesquinhez"[2].

A Paróquia de Itapirapuã (GO) está conseguindo fazer esta renovação pastoral por meio do envolvimento de todas as comunidades neste processo de uma catequese de inspiração catecumenal.

O catecumenato é uma prática da Igreja primitiva (séc. II-IV), numa época em que os cristãos eram minoria, muitas vezes perseguida, dentro de um mundo pagão. Ser discípulo de Jesus exigia uma preparação, já que o ambiente social não favorecia a prática dos valores do Evangelho. O cristão precisava nadar contra a corrente das atitudes e comportamentos do que se vivia no dia a dia.

A retomada neste início do século XXI de uma catequese de inspiração catecumenal se justifica pelo fato de que vivemos num mundo cada vez menos impregnado pela Palavra de Deus. A ignorância religiosa é muito grande. A sociedade, no seu conjunto, já não transmite mais os valores cristãos. É urgente uma formação para a vida cristã que ajude a se apaixonar por Jesus e a praticar suas atitudes. Tudo isso só é possível quando as pessoas encontram verdadeiras testemunhas do Evangelho e comunidades que se amam e celebram a sua fé na liturgia.

A experiência aqui apresentada pretende preparar acompanhantes e catequistas para esta grande missão de uma nova catequese evangelizadora.

---

[1] Cf. DAp, n. 365, 366, 368, 370.
[2] DAp, n. 12.

Os próximos volumes apresentarão os passos seguintes: pré-catecumenato (o anúncio do querigma), o catecumenato (a catequese propriamente dita), a purificação e iluminação (retiro quaresmal e Vigília Pascal) e a mistagogia (aprofundamento e contemplação dos mistérios cristãos).

Dom Eugênio Rixen
Bispo de Goiás
Presidente da Comissão Episcopal
para Animação Bíblico-Catequética do Centro-Oeste

Introdução

Estamos vivendo uma gratificante experiência de Iniciação à Vida Cristã, dentro do espírito catecumenal, como nossa Igreja vem pedindo atualmente. Queremos partilhar isso com as muitas comunidades que também desejam seguir esse caminho. Por isso, preparamos cinco volumes que compõem a Coleção Iniciação à Vivência Cristã, a partir da experiência que estamos vivendo com verdadeira alegria missionária. O nosso desejo é que este primeiro volume seja um instrumento de informação e formação para as comunidades que desejam fazer no processo de Iniciação à Vida Cristã uma animadora experiência de fé, de muito amor e testemunho. Como cristãos, sentimo-nos parte de uma grande família com a qual tudo de bom que o Evangelho nos inspira deva ser fraternalmente partilhado.

Não pensamos no processo de Iniciação à Vida Cristã somente como uma obrigação a ser bem cumprida, um dever importante apenas. Trata-se de oferecer algo precioso, que pode transformar a vida num caminho emocionante, cheio de sentido, acompanhado por um amor que sustenta a realização plena da vida. Queremos viver e fazer outros viverem intensamente o que nossos bispos já proclamaram na Conferência de Aparecida:

> Conhecer a Jesus é o melhor presente que qualquer pessoa pode receber; tê-lo encontrado foi o melhor que ocorreu em nossas vidas, e fazê-lo conhecido com nossa palavra e obras é nossa alegria (DAp 29).

Neste primeiro volume vamos tratar da equipe que anima o catecumenato, com informações e orientações sobre esse processo de formação. Tudo isso depende de uma espiritualidade, um modo de viver a fé e de ser Igreja que deve estar presente e visível na comunidade. Ações e palavras precisam refletir o que de fato anima e ilumina a vida da comunidade. Comunidade atraente é aquela que, ao anunciar o Evangelho, deixa transparecer com intensidade e clareza que de fato "*a boca fala daquilo de que o coração está cheio*" (Mt 13,34).

Nessa perspectiva propomos como objetivos para o primeiro volume: partilhar a vida e a fé; crescer em uma espiritualidade orante e encarnada, ou seja, trazer a vida com seus apelos para a oração; conhecer melhor a Bíblia como o primeiro manual da evangelização e da catequese; expor os desafios e as dificuldades pessoais que esta missão está despertando. Com tudo isso, queremos estimular cada pessoa da equipe a ser agente da construção de uma verdadeira comunidade fraterna e evangelizadora.

No segundo volume nosso objetivo é retomar o amor com o qual os apóstolos levaram ao mundo o primeiro anúncio da pessoa de Jesus, crucificado e ressuscitado, pela missão de reconduzir os filhos dispersos ao coração do Pai. Seguir, passo a passo, nas pegadas do Salvador, o plano da salvação. Iniciando pelo amor do Pai, levar os adultos a perceberem os sinais da presença e as consequências deste amor, que se revela em cada etapa deste plano de Deus, que cria e recupera o que parecia perdido. Por intermédio deste caminho, concretamente experienciado, levar os adultos a descobrirem aqui o seu espaço afirmando: sim, eu quero participar deste plano de vida e salvação.

A finalidade do segundo volume é o anúncio da pessoa de Jesus, com o mesmo amor e paixão dos apóstolos, para que a Igreja continue sendo a mãe que gera os novos filhos comprometidos com a missão do Reino de Deus.

O terceiro volume quer deixar transparecer o zelo, cada vez mais exigente, com o cuidado pastoral pelos catecúmenos, por meio de uma formação que contemple as pessoas por inteiro. É Deus quem trouxe, em nossa comunidade, pessoas com todas as suas necessidades humanas e espirituais, em busca de um sentido mais profundo para a sua existência, por meio da vida cristã.

Para que isto aconteça, no terceiro volume fazemos a exposição da doutrina por intermédio das catequeses, com o objetivo de proporcionar aos adultos uma fé esclarecida. Pelo conhecimento poderão crescer no amor a Deus, dando a Ele todo o espaço em suas vidas; celebrações dos ritos sagrados nas quais, pela participação consciente, são introduzidos nos mistérios de Deus que se revela, atraindo-os passo a passo para o seu caminho. Por fim, tratamos de um tema necessário e importante neste processo que, às vezes, pode passar despercebido: a vocação ao matrimônio. Pela nossa simples experiência percebemos que muitos casais se aproximam deste caminho e ainda não estão em dia com esse sacramento. Sabemos que a Igreja tem se preocupado sempre com esta questão da família. Por isso, não poderíamos deixar de lado questões relevantes e achamos por bem tratar de maneira específica o matrimônio, inserindo um complemento no final desse volume, no qual propomos alguns encontros para a preparação do matrimônio.

Contempla-se no quarto volume a vivência do terceiro tempo – iluminação e purificação. Este é o mais curto de todos, acontecendo nos limites do tempo litúrgico da Quaresma. Durante este tempo, tão limitado crono-logicamente, multiplicamos os minutos, pois é muito intenso o programa a ser cumprido em favor dos eleitos: celebração de eleição ou inscrição do nome. Os três escrutínios que acontecem a partir do terceiro domingo da quaresma. Por meio destes, a Igreja proporciona aos eleitos a oportunidade de purificar os espíritos e os corações, fortalecendo-os na luta contra as for-ças adversas do mundo, que procura desviá-los do caminho.

Existem as celebrações de transição entre os momentos fortes. Cate-quese sobre o Creio, preparando para celebração de entrega do símbolo dos apóstolos. Celebração do Novo Mandamento do Senhor, levando-os a assumir o amor como seu programa de vida. Celebração da Entrega da Oração do Senhor, para que façam do Pai-nosso a oração que sintetiza toda a sua missão de cristãos conscientes e comprometidos com o mundo novo. Os ritos de preparação imediata, como a antessala que proporciona aos eleitos os cuidados finais, para chegarem plenos de graça e alegria na noite santa da Páscoa com o Senhor que os conquistou para o seu caminho.

No quinto volume propomos como objetivo a vivência e a transmissão dos conhecimentos mais completos e profundos acerca dos mistérios celebra-dos nos Sacramentos de Iniciação. O livro está desenvolvido para levar esta comunidade iniciante a cultivar uma maior intimidade pela Palavra de Deus, o mistério celebrado e a vivência fraterna em comunidade. E, a partir disso, colocando-se a serviço da Igreja por meio do estágio pastoral. Por fim, apre-sentamos a novena, que tem como objetivo levar aos novos cristãos a definição de quem é Jesus para sua vida cristã; além disso, preparar para Pentecostes e o envio da missão em comunidade, para serem "sal da terra e luz do mundo".

Conscientes de que tudo nos vem da multiforme graça de Deus, que-remos ser apenas instrumentos dóceis e fiéis para que o seu Reino renove a face da terra. Ainda mais, desejamos contribuir com nossa experiência, apresentada nestes volumes, para que a nossa amada Igreja seja um sinal forte e transparente desse Reino para toda a humanidade nestes tempos tão difíceis e desafiantes.

Situando nossa experiência no tempo e no espaço

Nossa experiência, que se tornava cada vez mais urgente, partiu da necessidade de revelar aos jovens e adultos de nossa comunidade paro-quial um caminho que pudesse dar às suas vidas um novo sentido, em todas as direções. Mas, quem são essas pessoas iniciadas na caminhada de discípulos de Cristo?

São pessoas adultas que vivem nos limites de nossa paróquia, dentre as 23 paróquias que formam a diocese de Goiás, localizada ao Oeste do Estado de Goiás.

A nossa intenção inicial era fazer com elas uma boa experiência, que pudesse servir de modelo àquelas paróquias da diocese que desejassem ver o mesmo acontecer com seus jovens e adultos. Porém, o nosso sonho de ver a Catequese de Iniciação à Vida Cristã se concretizar não ultrapassava as fronteiras de nossa diocese. Acreditamos que as possibilidades que foram se abrindo, para um caminho mais abrangente, vieram do Espírito Santo de Deus, alma da Igreja, que tem por missão dar a ela um novo dinamismo e um novo vigor.

Foi no contexto dessa realidade que decidimos fazer uma primeira experiência de Iniciação à Vida Cristã, conforme o modelo de catecumenato dos primeiros séculos da Igreja. As atividades que propomos e o modo de realizá-las estão atendendo as características locais. O mesmo conteúdo e trabalho com as adaptações que se mostrem necessárias pode ser realizado em outras realidades.

Essas adaptações dependem da sensibilidade de todos os que quiserem aproveitar os nossos subsídios em realidades diferentes. Consideramos importante deixar claro que, devido às nossas limitações, estes subsídios para uma Catequese de Iniciação à Vida Cristã serão um longo projeto feito em mutirão. Logo, serão sempre bem-vindas as contribuições do leitor para melhorá-los em vista da catequese educadora da fé que estamos, em mutirão, desejando consolidar.

O mais importante em toda ação catequética é nunca perder de vista o centro da experiência: Jesus Cristo, o Filho de Deus que se encarnou e deu a sua vida por nós. Ele ressuscitou e continua caminhando conosco. Esse dado fundamental da fé é importante para inspirar a caminhada em nossas diferentes realidades. Unidos em Cristo e iluminados pela luz do seu Espírito, estaremos falando a mesma língua do amor fraterno, o único que constrói a comunidade cristã. Estaremos também propondo a jovens e adultos, que queiram ser cristãos, um projeto de vida transformador, capaz de dar um novo sentido a tudo que forem realizar.

Quanto à metodologia, ousem ser criativos e busquem a que for mais adequada e atraente para encher os olhos e os corações de tantos jovens e adultos sedentos do Deus vivo que se revela na face de Jesus Cristo.

Temos a certeza de que poderemos contar com apoio da Igreja. É ela que nos pede essa caminhada, e nossos bispos estão muito motivados para apoiar um verdadeiro e profundo projeto de Iniciação à Vida Cristã, numa catequese que vai às fontes do catecumenato da Igreja nos primeiros séculos.

Os autores

1

Catequese de Iniciação à Vida Cristã:
Uma experiência de fé, amor e testemunho

Estaremos diante de uma nova moda? Será uma simples saudade de algo que os cristãos viveram em outros tempos? Será um novo conjunto de exigências para colocar disciplina na Igreja? Será um catecismo mais detalhado? Iniciação é simplesmente um sinônimo para "começo"?

> *Iniciação faz a pessoa passar a "ser" algo que atinge todos os aspectos de sua vida.*

Iniciação é muito mais do que adquirir conhecimentos sobre alguma coisa. É um mergulho numa vivência especial, que faz a pessoa passar a "ser" (não apenas "saber") algo que atinge todos os aspectos de sua vida.

No caso bem específico de optar por "ser" cristão, como seria um processo capaz de envolver a pessoa por inteiro, criando uma identidade e não apenas transmitindo conhecimentos? E por que isso seria essencial?

Para chegarmos a uma resposta satisfatória, poderíamos afirmar que tudo começou com Jesus, o Filho unigênito do Pai, que foi enviado para revelar o seu plano de amor e, assim, mostrar o que de fato significa a vida que nos foi dada. "No começo a Palavra já existia; a Palavra estava voltada para Deus, e a Palavra era Deus. No começo, ela estava voltada para Deus. Tudo foi feito por meio dela, e, de tudo o que existe, nada foi feito sem ela. Nela estava a vida, e a vida era a luz dos homens [...]. E a Palavra se fez homem e habitou entre nós. E nós contemplamos a sua glória: glória de Filho único do Pai, cheio de amor e fidelidade" (Jo 1,1-4.14).

Vejamos: se essa Palavra é a fonte de tudo, inclusive da nossa própria vida, como podemos deixar de ouvi-la? Como podemos simplesmente ouvi-la e não a acolher como luz para o nosso caminho? Como podemos deixar de realizar em nós o que essa Palavra criadora e sustentadora nos propõe?

Se entendermos a profundidade dessa questão que envolve o próprio sentido da vida, compreenderemos que formar cristãos não é simplesmente alimentar hábitos de tradição cultural. Está em jogo uma opção total de vida, uma escolha do Caminho, da Verdade e da Vida, revelado em Jesus.

Entendendo as coisas desse jeito, não faz nenhum sentido ser "católico não praticante", "cristão só de nome", como ainda temos tantos à nossa volta. Sacramento não é festa que se faz por tradição. É a marca de quem aceitou uma proposta, escolheu um caminho que vai ser parte da sua identidade.

> *Ser cristão é uma opção total de vida, uma escolha do Caminho, Verdade e Vida, revelado em Jesus.*

Ninguém escolhe realmente um caminho se não o conhece. Mas no caso do Caminho, que é Jesus, é preciso que o conhecimento se transforme em experiência de fé. Essa experiência foi vivida pelos primeiros discípulos e eles se tornaram capazes de criar condições para que outros a vivessem. Foi assim que a Igreja cresceu. Num tempo em que não era "natural", mas era até perigoso ser cristão, a experiência foi tão cativante que as comunidades se multiplicaram a ponto de serem sementes do que, através dos séculos, chegou até nós. Eles começaram a seguir o caminho, que hoje é também o nosso. Eram adultos, como são os que hoje queremos atingir com uma Iniciação à Vida Cristã conforme o modelo do catecumenato. Foi com adultos que começou a Igreja, porque não havia uma tradição que fizesse alguém já nascer num lar cristão. Hoje, além das crianças, adolescentes e jovens, precisamos acolher os adultos que se afastaram, os que nunca nos conheceram, os que querem repensar sua opção de fé.

Para dar continuidade a esse caminho é preciso enviar discípulos em missão. E foi isto que o Senhor Jesus fez. "Quando viram Jesus, ajoelharam-se diante dele. Ainda assim, alguns duvidaram. Então Jesus se aproximou e falou: 'Toda a autoridade foi dada a mim no céu e sobre a terra. Portanto, vão e façam com que todos os povos se tornem meus discípulos, batizando-os em Nome do Pai e do Filho e do Espírito Santo, e ensinando-os a observar tudo o que ordenei a vocês. Eis que eu estou com vocês todos os dias até o fim do mundo'" (Mt 28,17-20).

No início da missão, uma pergunta se repete: "Irmãos, o que devemos fazer?" (At 2,37). Para respondê-la, vem uma única resposta clara e incisiva: "E disse-lhes Pedro: Arrependei-vos, e cada um de vós seja batizado em nome de Jesus Cristo, para o perdão dos pecados; e recebereis o dom do Espírito Santo" (At 2,38).

Não se tratava simplesmente de batizar por costume, até porque naquela época isso não era um comportamento costumeiro. O batismo é consequência de uma opção, de uma adesão transformadora. É batizado quem pretende viver como discípulo. Ser discípulo é mais do que ser "aluno"; o discípulo admira o mestre, reconhece nele uma orientação de vida e quer ser alguém que se torne sinal do que o mestre representa. Para levar isso bem a sério, o catecumenato dos primeiros tempos era realizado em períodos sucessivos de aprofundamento, convidando cada um a avaliar seu nível de compromisso, até chegar a uma adesão consciente, que seria depois aprofundada ainda mais na convivência comunitária.

O batismo é consequência de uma adesão transformadora. É batizado quem pretende viver como discípulo. O discípulo admira o mestre, reconhece nele uma orientação de vida e quer ser sinal do que o mestre representa.

No Evangelho de João temos uma cena que nos ajuda a refletir sobre como os discípulos se formam:

No dia seguinte, João estava lá de novo, com seus dois discípulos. Vendo Jesus caminhando, disse: Eis o Cordeiro de Deus! Os dois discípulos ouviram essa declaração de João e passaram a seguir Jesus. Jesus voltou-se para trás e, vendo que eles o seguiam, perguntou-lhes: Que procurais? Eles responderam: Rabi (que quer dizer Mestre), onde moras? Ele respondeu: Vinde e vede! Foram, viram onde morava e permaneceram com Ele aquele dia (Jo 1,35-39).

Vemos aí vários elementos importantes:

- João já fez a experiência de conhecer Jesus e quer que outros vivam o que foi tão importante para ele.

Formando Equipes de Iniciação à Vida Cristã 17

- Mas João não quer fazer discípulos para si mesmo: ele os encaminha ao verdadeiro Mestre.

- Jesus pergunta o que eles estão buscando. É começando pelas perguntas e inquietações que já estão no coração de cada um que o processo de evangelização vai se tornar relevante e transformador.

- Os discípulos querem saber como é a vida com Jesus (é o significado do "onde moras?").

- Jesus não faz um discurso didático apenas, mas convida-os a vir fazer a experiência de conviver com Ele.

- Eles foram, viram e ficaram seduzidos pela proposta. Era algo assim que teria que acontecer com quem se aproxima de nossas comunidades.

> A Iniciação à Vida Cristã é um "vinde e vede" que dá certo, que encanta e faz a pessoa querer ser parte dessa família de fé, com tudo o que isso significa como decisão de vida.

Para viver esse tipo de experiência não precisamos apenas formar na fé o iniciante, mas a própria comunidade precisa se colocar em processo permanente de gratificante caminhada no discipulado, para que ela mesma passe no teste do "vinde e vede", sendo um sinal realmente atraente de tudo aquilo que é anunciado. Falar do Evangelho e não viver em comunidade uma fraternidade visível e envolvente seria um contratestemunho que, mais cedo ou mais tarde, geraria desânimo em vez de adesão sincera e permanente.

Os primeiros discípulos souberam formar comunidades capazes de atrair muita gente para o Caminho que é Jesus. Como não havia ainda uma sociedade cristã, tiveram que criar um processo gradativo de entrada nesse novo estilo de vida. É nessa dinâmica do Reino, que por intermédio de Jesus se torna presente no meio de nós, que o caminho catecumenal se fez conhecido por multidões entusiasmadas, até mais ou menos o IV século do cristianismo.

Muitas graças damos ao Espírito Santo, que com sua luz invencível começa a resgatar tamanho tesouro que os cristãos dos primeiros tempos souberam usar com muita sabedoria: "a instituição do catecumenato, uma das mais felizes e eficazes criações da história da Igreja" (LIMA, 2009, p. 229).

Iniciação à Vivência Cristã I

2

Como organizar e formar a Equipe de Catequese de Iniciação à Vida Cristã

A primeira decisão por uma Catequese de Iniciação à Vida Cristã, conforme o modelo do catecumenato, deveria partir do pastor diocesano. É o que o próprio Rica (Ritual de Iniciação Cristã de Adultos) em seu n. 44 nos esclarece quando diz:

> Compete ao bispo, por si ou por um representante, estabelecer e dirigir o catecumenato e promover seu desenvolvimento, assim como admitir os candidatos à eleição e aos sacramentos. É de se desejar que, na medida do possível, presidindo a liturgia quaresmal, celebre o rito da eleição e dos sacramentos da iniciação na Vigília Pascal. [...] Para a celebração dos exorcismos menores, designe catequistas realmente dignos e devidamente preparados.

Diante da Igreja, na missão de pastor diocesano, é ele que tem autoridade para abrir as portas de sua diocese a fim de que aconteça a criação e o desenvolvimento de uma catequese evangelizadora aos moldes do catecumenato.

A abertura dessas portas implica uma iniciativa anterior, ou seja, espera-se que o bispo diocesano já esteja dando passos com seu presbitério nesta direção. Isso é fundamental porque a Catequese de Iniciação à Vida Cristã, conforme o catecumenato, só poderá acontecer em uma paróquia se o presbítero responsável estiver aberto para acompanhar, direta ou indiretamente, o processo passo a passo.

> *É missão do pastor diocesano permitir a criação e o desenvolvimento da catequese evangelizadora, aos moldes do catecumenato.*

É importante considerar também que o modelo da catequese para os adultos sustentado pela Igreja, ao longo de séculos e que ainda prevalece, considera estes mais como destinatários que precisam receber informações e ensinamentos de catequistas preparados para esta missão. Hoje, porém, com a evolução da cultura em todas as suas dimensões, sobretudo no universo das novas tecnologias de informação e comunicação, este conceito de destinatários vem perdendo todo o seu espaço para um processo mais participativo e ativo das pessoas.

> *A catequese para os adultos constitui-se de um processo participativo em que eles são os interlocutores ativos.*

Por isso, todos nós cristãos comprometidos com a construção do Reino através da Igreja precisamos perguntar: Onde estão os interlocutores do caminho catecumenal?

É muito animador e gratificante perceber a preocupação da Igreja em resgatar este caminho tão eficaz para a Iniciação à Vida Cristã com adultos. Verificamos, após tantos séculos priorizando batismos de crianças e com uma catequese tantas vezes puramente sacramentalista, que temos ao nosso redor uma multidão de adultos batizados, mas pouco evangelizados.

Nesta realidade vamos encontrar nas comunidades quatro categorias (ORMONDE, 2001, p. 34-35):

a) Em uma primeira categoria temos jovens e adultos que não receberam na infância o Sacramento do Batismo. Esse número ainda é relativamente pouco numeroso.

b) Como segunda categoria os que foram batizados, mas não deram continuidade no aprofundamento da fé. Ou seja, não possuem os demais sacramentos da Iniciação à Vida Cristã.

c) Na terceira categoria, os que foram batizados, mas não aprofundaram a identidade cristã. Simplesmente realizaram o Sacramento da Eucaristia e por aí pararam.

d) Numa quarta categoria, como uma raridade, aqueles que receberam os três sacramentos de iniciação e buscam a catequese para um aprofundamento da fé e da vida cristã. Querem verdadeiramente se tornar discípulos missionários de Jesus, o Caminho, a Verdade e a Vida.

Temos ainda muitos que não frequentam a comunidade porque se tornaram "católicos não praticantes". No meio deles, alguns querem voltar à Igreja porque alguma experiência, contato pessoal ou necessidade de vida os fez ter saudade ou curiosidade a respeito de uma vivência religiosa autêntica.

Frente a essas situações a diocese ou paróquia poderá escolher uma das opções:

a) Uma catequese de inspiração catecumenal para jovens e adultos que não receberam nenhum dos sacramentos de iniciação.

b) Uma catequese de inspiração catecumenal mista, ou seja, reunindo esses primeiros com outros que receberam um ou outro sacramento de iniciação. Junto com eles também poderão participar aqueles e aquelas que já receberam os três sacramentos de iniciação, mas sentem a necessidade de aprofundamento na fé e na vida cristã.

Por que uma catequese de inspiração catecumenal com jovens e adultos?

Porque estas duas faixas etárias não têm recebido uma devida catequese; além disso, entre eles vamos encontrar uma multidão de batizados que raramente se aproximam da Igreja. Essa situação vem se tornando, cada vez mais, um imenso desafio para a ação evangelizadora da Igreja.

Abraçar a Iniciação à Vida Cristã, no estilo do catecumenato, exige uma profunda atitude interior. Em se tratando desse caminho, os primeiros a serem preparados são os membros da equipe que irão assumir essa missão, ou seja: o bispo, o pároco, os diáconos (se houver), os(as) catequistas e os introdutores[3]. Mas, como já dissemos, a comunidade inteira precisa se sentir alegremente responsável pelos novos "filhos" que essa família de fé vai acolher. Isso exige de cada um(a), no desempenho de seu ministério, uma atitude de constante

---

[3] Em nossa experiência fizemos a opção pelo termo acompanhantes no lugar de introdutores, por considerarmos mais acessível às comunidades.

Formando Equipes de Iniciação à Vida Cristã

Uma verdadeira iniciação deve formar uma comunidade fraterna de respeito mútuo. Trata-se de capacitação para servir a exemplo do que Jesus ensinou aos apóstolos no episódio do lava-pés.

conversão. Somente assim poderemos conseguir o mais importante: falar mais pelo testemunho de vida cristã do que por qualquer outro tipo de instrução. Assim, os adultos que se aproximarem se sentirão cada vez mais atraídos para o caminho dos seguidores de Jesus.

Para que tudo isso aconteça de verdade na vida de cada pessoa da equipe o caminho de Iniciação à Vida Cristã coloca uma séria exigência: é necessária uma formação permanente. Para aceitá-la é preciso muita humildade e abertura de coração, tanto para reconhecer que precisamos sempre de conversão e crescimento na fé como para não usar essa formação aprimorada como um motivo de vaidade, exibição e diminuição de outros. Uma verdadeira iniciação deve formar uma comunidade fraterna de respeito mútuo, sem estabelecer uma casta de cristãos de primeira classe que desvalorizam seus irmãos. Trata-se de uma capacitação para servir e nisso devemos sempre lembrar o que Jesus ensinou aos apóstolos no episódio do lava-pés.

Quando falamos em formação, não estamos preocupados apenas com o conhecimento necessário para o desempenho de cada ministério; estamos visando a formação integral da comunidade como conjunto fraterno e solidário, para que, por meio dela, possa se repetir o que aconteceu com os primeiros cristãos: *"Louvavam a Deus e eram estimados por todo o povo. E, cada dia, o Senhor acrescentava a seu número mais pessoas que seriam salvas"* (At 2,47).

É preciso que os nossos encontros de formação sejam espaços privilegiados para a vivência da fraternidade, da abertura para o outro, numa feliz e enriquecedora partilha da vida e dos dons com que Deus vai nos cumulando. Assim, esse tempo dedicado à formação nos conduzirá à maturidade espiritual necessária, que irá transformar a equipe em uma verdadeira comunidade fraterna, onde a fé e o amor se traduzem em gestos concretos.

Um forte sentimento que habita em nós é a mais profunda gratidão por estarmos fazendo parte desta história sagrada que se renova; história do caminho marcado pelo vigoroso testemunho de quem se transformou ao seguir o Mestre e, a partir disso, tornou-se sincero servidor dos outros filhos e filhas de Deus. Não podemos esquecer que servir o Mestre é cultivar as atitudes que Ele assumiu e recomendou. Ele veio para servir e espera que nós façamos o mesmo: *"Depois de lavar os pés dos discípulos, Jesus vestiu o manto, sentou-se de novo e perguntou: Vocês compreenderam o que acabei de fazer? Vocês dizem que sou o Mestre e o Senhor. E vocês têm razão; eu o sou mesmo. Pois bem: eu, que sou o Mestre e o Senhor, lavei os seus pés; por isso vocês devem lavar os pés uns dos outros. Eu lhes dei um exemplo: vocês devem fazer a mesma coisa que eu fiz"* (Jo 13,12-15).

> *A exigência do Caminho de Iniciação à Vida Cristã é apresentar, aos jovens e adultos, uma comunidade que seja testemunha de fé, de amor fraterno e doação.*

Tudo será possível aos que levarem a sério os ministérios, espaços que nos dão oportunidades de estarmos sempre a serviço do outro. O primeiro grande testemunho de ministério precisa vir da própria comunidade. A mais importante exigência do caminho é poder apresentar uma comunidade que seja testemunha de fé, de amor fraterno e de muita doação. É fundamental que esse testemunho seja muito próximo dos jovens e adultos, que serão atraídos para o Caminho de Iniciação à Vida Cristã. Também será necessário estudar o processo que vai ser seguido, entender o motivo de organizar os diferentes tempos e celebrações, perceber a importância dessa maneira de encaminhar pessoas para o verdadeiro discipulado cristão, para que possam assumir o compromisso de abraçar a missão, formando a equipe de Catequese de Iniciação à Vida Cristã.

2.1 Os ministérios ordenados

▶ Papel do bispo

A pessoa do bispo, como líder e pastor da diocese, é fundamental para o desenvolvimento do trabalho e da animação dos agentes nele envolvidos.

Devemos considerar que ele deve sempre deixar transparecer condições e atitudes importantes para que, apoiados na sua liderança, todos possam trabalhar melhor. Cabe-lhe, então, ser:

- Uma pessoa de profunda comunhão e intimidade com o Bom Pastor, que dá a vida por suas ovelhas.

- Profundamente humano, alguém que se preocupa e se ocupa das ovelhas mais fracas, por isso mais sujeitas a se desviarem do rebanho. Deve ter o espírito do Bom Pastor, que, mesmo tendo 99 ovelhas no Redil, vai atrás da única ovelha que se perdeu, até encontrá-la.

- Um homem de profunda fé e amor, zeloso pelo ensino das verdades que o Senhor confiou aos seus apóstolos e discípulos. Deve viver o seu ministério, dedicando-se à formação de seu rebanho, especialmente daqueles com quem partilha a missão: presbíteros, diáconos e outros agentes de pastoral.

- É por isto e muito mais que ele é considerado pela Igreja como o primeiro dos ministros da Iniciação à Vida Cristã. Tem autoridade para abrir as portas de sua diocese, possibilitando a criação e o desenvolvimento da Catequese de Iniciação à Vida Cristã e estimulando a formação de agentes qualificados. Para atribuições mais claras do bispo no catecumenato sugere-se conferir RICA, n. 44 e 66.

▶ O ministério dos presbíteros

Os presbíteros são importantes como auxiliares diretos dos bispos e líderes de comunidade. No território onde as pegadas do pastor diocesano não conseguem chegar, no dia a dia das comunidades paroquiais, lá estarão as pegadas dos presbíteros.

A primeira atitude que deles se espera: interessar-se e buscar conhecer, da melhor forma possível, o modelo do catecumenato. Em seguida, ampliar o espaço desta formação, convocando pessoas que já participam ativamente nas diversas pastorais e nos movimentos, porque percebem neles um bom futuro para a catequese inspirada no catecumenato. Desta forma, é a eles

> *O zelo pastoral do presbítero leva a comunidade ao testemunho da fé.*

que compete despertar, nos membros mais próximos da comunidade, o desejo de assumir o ministério de acompanhantes, para que se animem a acompanhar de perto os jovens e adultos atraídos para o caminho da Catequese de Iniciação à Vida Cristã.

Com todo esse zelo pastoral, os presbíteros já estarão levando a comunidade a se preparar para o seu ministério, que é fundamental. A comunidade então será a primeira a conquistar, pelo acolhimento e testemunho da fé, os que vão sendo despertados para participarem do catecumenato.

Diz o RICA (n. 45):

> *[...] É dever dos presbíteros, além de seu ministério habitual em qualquer celebração do Batismo, da Confirmação e da Eucaristia, prestar assistência pastoral e pessoal aos catecúmenos, interessando-se sobretudo pelos que se mostram hesitantes e inquietos; cuidar de sua catequese com o auxílio dos diáconos e catequistas; aprovar a escolha dos padrinhos, ouvi-los e ajudá-los de boa vontade; zelar por uma perfeita e adequada execução dos ritos durante todo o decurso da iniciação.*

Tornando tão claro assim esse ministério, podemos concluir e afirmar uma importante e ao mesmo tempo triste verdade: se os presbíteros, sobretudo os párocos, não abrem as portas para esse caminho, é impossível realizar a proposta de catequese inspirada no catecumenato na paróquia.

Seria muito grave ter esse tipo de barreira, porque significaria a negação do enorme esforço da Igreja, a partir do Concílio Vaticano II, para a restauração do catecumenato dos adultos, que sustentou a identidade dos seguidores de Jesus, o Caminho, a Verdade e a Vida, ao longo dos primeiros séculos do cristianismo.

Formando Equipes de Iniciação à Vida Cristã

2.2 O ministério dos(as) catequistas

Desde o princípio da missão dos apóstolos, é fundamental a presença de pessoas dedicadas a evangelizar e catequizar, nas diversas comunidades cristãs. Devido à importância dessa missão, a Igreja, por intermédio de seus pastores e ministros ordenados, dedicou-se à formação dos(as) catequistas, para que assumissem com seriedade este ministério. A esse respeito, podemos recordar o que diz o documento da CNBB – Catequese Renovada, orientações e conteúdos:

> Como bom comunicador, o catequista não fala sozinho. Ele desperta e provoca a palavra dos membros da comunidade. O catequista dedica-se de modo específico ao serviço da Palavra, tornando-se porta-voz da experiência cristã de toda a comunidade. O catequista é, de certo modo, o intérprete da Igreja junto aos catequizandos. Ele lê e ensina a ler os sinais da fé, entre os quais o principal é a própria Igreja. Desenvolve um verdadeiro ministério, um serviço à comunidade cristã, sustentado por um especial carisma do Espírito de Deus (CNBB, n. 26. CR, n. 145).

O catequista lê e ensina a ler os sinais da fé, entre os quais o principal é a própria Igreja.

Partindo desses princípios, torna-se fácil compreender a importância que o Ritual da Iniciação à Vida Cristã de Adultos (RICA, n. 48) confere a este ministério. *"Os catequistas, cuja função é importante para o progresso dos catecúmenos e o desenvolvimento da comunidade, terão, sempre que possível, parte ativa nos ritos. Cuidem para que a catequese seja penetrada do espírito evangélico, em harmonia com os ritos e o calendário litúrgico, adaptada aos catecúmenos e, na medida do possível, enriquecida pelas tradições locais. Designados pelo bispo, podem fazer os exorcismos menores (cf. RICA, n. 44) e dar as bênçãos de que tratam os n. 113-124".*

É bom lembrar que, no processo catecumenal, exorcismos são orações que pedem para Deus nos livrar do mal (como se faz, por exemplo, no final do Pai-nosso) e não o que o povo costuma entender como expulsão de demônios.

Segundo o RICA os(as) catequistas têm uma forte atuação litúrgica em todo o caminho catecumenal:

> *A verdadeira comunidade cristã é fonte viva da catequese, pois nela a fé é uma realidade vivida pelos seus membros.*

- Segundo os n. 106-108, os(as) catequistas podem presidir as celebrações da Palavra de Deus.

- Quando os ritos estão sendo presididos pelos ministros ordenados "terão, sempre que possível, parte ativa nos ritos" (RICA, n. 48).

- Fazem orações, pedindo pelos catecúmenos e invocam as bênçãos de Deus sobre eles. Conforme ainda este ritual, com aprovação do bispo, realizam os exorcismos. "Para a celebração dos exorcismos menores, designe catequistas realmente dignos e devidamente preparados" (cf. RICA, n. 44 e 109).

- Coordenar os encontros no processo catecumenal. "Cuidem de que a catequese seja penetrada do espírito evangélico, em harmonia com os ritos e os calendários litúrgicos" (cf. RICA, n. 48).

Embora a dimensão litúrgica tenha muita importância no processo catecumenal, é bom não esquecer que o(a) catequista, como porta voz do conjunto da Igreja, deve dar testemunho de todas as dimensões da vida e da fisionomia da nossa Igreja. Não podem ficar no esquecimento, sobretudo o testemunho da vida comunitária.

É bom lembrar também que o(a) catequista não age sozinho. O Diretório Nacional de Catequese deixa bem claro que a comunidade é o grande agente motivador que pode decidir o sucesso da catequese: *"Onde há uma verdadeira comunidade cristã, ela se torna uma fonte viva da catequese, pois a fé não é uma teoria, mas uma realidade vivida pelos membros da comunidade. Neste sentido ela é o verdadeiro audiovisual da catequese"* (DNC, 52).

Formando Equipes de Iniciação à Vida Cristã

3

Preparação da Equipe

Sugere-se que o pároco inicie o processo convidando uma pessoa que, juntamente com ele, coordene o caminho de organização da catequese com jovens e adultos conforme modelo do catecumenato. Essa pessoa poderá ser o diácono permanente que atua na própria paróquia, uma religiosa ou um agente de pastoral leigo.

O maior desafio da Equipe de catequese de Iniciação à Vida Cristã é o de tornar-se um sinal sensível do amor fraterno e da comunhão com os jovens e adultos.

A preparação da equipe precisa ser a primeira iniciativa do pároco e de toda a comunidade. Como o catecumenato é um caminho que deve envolver toda a comunidade, é importante que ele convoque, a princípio, lideranças de cada pastoral ou movimento, que possam assumir o compromisso de abraçar a missão, formando a equipe de catequese aos moldes do catecumenato. Dentre estas lideranças que foram convocadas pelo pároco, podem ser convocados sobretudo aqueles que já foram ou são catequistas de adultos, e assim se escolherão os(as) catequistas para este processo de Catequese de Iniciação à Vida Cristã.

Para tanto, o maior desafio é tornar-se um sinal sensível do amor fraterno e da comunhão com os jovens e adultos. A caminhada da fé que estamos propondo para a catequese só será possível com um trabalho de equipe. Com essa turma terá início a formação, que será um tempo forte de encontro para a oração, a celebração e o estudo.

Orienta-se que o pároco, com a pessoa escolhida para coordenar com ele o processo, organize o primeiro encontro de formação da equipe. Ele ainda poderá solicitar a colaboração da coordenadora da catequese paroquial, pois é fundamental que desde o início a coordenação da catequese paroquial colabore na organização deste modelo de catequese para que, aos poucos, toda a catequese torne-se uma Catequese de Iniciação à Vida Cristã.

Para isso, é preciso promover encontros de formação para a equipe que envolve pároco, catequistas e convocados para serem acompanhantes, garantindo assim a preparação para a realização da proposta. A forma de realizarem os encontros fica a critério de cada grupo e realidade. No entanto, como lembrete, sugerimos para ajudar na integração e organização: celebrar os aniversários (de nascimento e de batismo); preparar um caderno para o controle das presenças nos encontros; organizar uma ficha com os dados completos da equipe de acompanhantes e catequistas. Esses são meios que, entre outros, permitem aproximar as pessoas, identificar quando estão passando por dificuldades e não estão podendo participar dos encontros, valorizar a individualidade, reconhecer a importância de cada um no processo, identificar habilidades.

> *Os recursos nos encontros são meios que permitem aproximar as pessoas, identificar as dificuldades, valorizar a individualidade, a reconhecer a importância de cada um no processo e identificar habilidades.*

4

Encontros de formação e organização da Equipe de Catequese de Iniciação à Vida Cristã

É importante considerar que depois da primeira motivação o grupo continuará se encontrando, visando a preparação adequada para a missão que irão desempenhar. Por este motivo, é necessário que a equipe coordenadora desta formação considere os seguintes aspectos:

- É muito importante, antes de terminar qualquer encontro, fazer uma revisão e uma avaliação. Só assim haverá amadurecimento nas relações da equipe.

- A definição da equipe de serviços (ambientação, canto...) para cada encontro tem por objetivo formar a consciência do trabalho em equipe. No início é importante a presença de um membro da equipe de coordenação com a função de acompanhar e orientar, sem com isso definir, o que devem fazer para que o grupo cresça progressivamente a seu tempo.

- Cabe à equipe de coordenação zelar pelo crescimento da espiritualidade do grupo. Promover a motivação na participação da liturgia em comunidade, na leitura orante e no acesso à reflexão de textos bíblicos.

- Após iniciar as catequeses, é bom que esta equipe continue a se encontrar, pelo menos uma vez ao mês, para num clima de oração e aprofundamento continuar alimentando este chamado que Deus tem feito em cada um.

- Os encontros de formação na sequência deste livro seguem sempre com uma proposta de estudo conforme o tema proposto. Para isso é bom que a equipe prepare com antecedência os encontros.

O estudo e a reflexão propostos nos encontros é o momento fundamental na formação da equipe de catequese que se inspira no modelo do catecumenato, o estudo participativo e coletivo é o que ajuda a compreender melhor os caminhos a serem percorridos.

- Os cantos sugeridos nesta obra se encontram no livro *Cantos e orações: para a liturgia da missa, celebrações e encontros*, organizado por Ir. Míria T. Kolling, Fr. José Luiz Prim e Fr. Alberto Beckhäuser, publicado pela Editora Vozes. No decorrer dos encontros estão indicadas as páginas e os números dos cantos desta referência.

Sugerimos, para os encontros de formação, o uso do *Ofício Divino das Comunidades*. Mesmo que em sua diocese, paróquia e comunidade não tenham a prática do ofício divino, podemos afirmar que representa um precioso ganho reservar um tempo para esta aprendizagem, podendo, passo a passo, incluí-lo na oração desta Catequese de Iniciação à Vida Cristã. Para isto acrescentamos aqui algumas poucas orientações.

Para resgatar a evangelização e a catequese dos primeiros séculos do cristianismo a Igreja precisou decidir fazer o caminho de volta às fontes. Somente assim ela poderia recuperar em toda a sua pureza e originalidade a sua vocação e missão: evangelizar e catequizar, fazendo com que todos se tornem discípulos(as) do Caminho, Jesus Ressuscitado.

> *Os mestres da espiritualidade, das comunidades cristãs nos primeiros séculos, tinham como modelo a oração do Senhor Jesus que o sustentava na comunhão constante com o Pai na força do Espírito Santo.*

Com esta determinação, a Igreja deve fazer o caminho de volta às fontes da espiritualidade, que saciava a sede das comunidades cristãs nos primeiros séculos. As comunidades podiam se apoiar em homens que procuravam cultivar uma intensa e profunda vida de intimidade com Deus; a estes a Igreja denominou Padres do Deserto, eremitas, anacoretas, monges e contemplativos das mais diversas famílias religiosas. O profundo desejo destes era santificar todas as horas do dia e da noite, tendo como modelo a oração do Senhor Jesus que os sustentava na comunhão constante com o Pai na força do Espírito Santo.

Vivendo assim, esses mestres da espiritualidade queriam comunicar às comunidades cristãs, a cada hora do dia, que todo o nosso existir e toda obra da criação vieram do Criador e só têm sentido se nele e para Ele viverem. Foi assim que teve origem a Liturgia das Horas ou *Lectio Divina*.

Porém, pelas suas exigências de tempo e espaço e da própria estrutura e linguagem, essa espiritualidade foi se distanciando da vida do povo. Muito mais tarde, no século XX, começou a se abrir uma porta a partir do Concílio Vaticano II, em sua renovação litúrgica (1962-1965). Ainda naquele século, já bem pertinho de nós, no ano de 1988, um grupo de homens e mulheres apaixonados pela liturgia elaboraram um jeito de trazer a Liturgia das Horas para mais perto da realidade do povo, em nossas simples e pequenas comunidades. Foi então que nasceu o *Ofício Divino das Comunidades*.

Em um só livro vamos encontrar ofício divino para: acompanhar os quatro tempos da liturgia na Igreja; os dias da semana e o Dia do Senhor, antecedido pelo ofício de vigília no sábado à noite. Tudo é revestido de muita simplicidade, para se colocar à altura de todas as comunidades.

Em nossa realidade de grupos para uma evangelização e Catequese de Iniciação à Vida Cristã, simplificamos mais ainda, colocando em alguns encontros elementos do ofício divino que podem nos ajudar a realizar a experiência com o Deus da Vida em Jesus Cristo por intermédio da Palavra e da oração.

Quando a caminhada entra nos tempos litúrgicos fortes, como o Advento, a Quaresma e a Páscoa, há uma variação que, sem grande dificuldade, será encontrada no sumário do próprio *Ofício Divino das Comunidades*[4]. Quanto à melodia, a equipe poderá adaptar um dos cantos que a comunidade mais aprecia.

---

[4] Para aprofundar este tema sugerimos consultar CARPANEDO, P. *Ofício Divino das Comunidades*: uma introdução. São Paulo: Paulinas, 2008.

Primeiro encontro

INICIAÇÃO À VIDA CRISTÃ

Objetivo

Realizar a formação de uma equipe animadora para promover a Iniciação à Vida Cristã com jovens e adultos.

Preparação do ambiente

A equipe de coordenação prepara com antecedência o espaço do encontro, colocando em destaque dentro de um grande coração construído com flores, símbolos dos sacramentos de Iniciação à vida cristã: água, vela, vinho, óleo, pão, Bíblia, cartazes com tema e objetivo. Também preparar crachás (em formato de coração) para cada participante. É importante escrever uma mensagem de acolhida atrás dos crachás.

I. Iniciando o encontro

Acolhida

Antes de serem encaminhadas ao local do encontro, à medida que vão chegando, as pessoas vão sendo acolhidas pela equipe com refrões de cantos conhecidos na comunidade e com abraços.

Dinâmica de apresentação

O pároco, falando dos sentimentos (alegria, esperança, carinho, desafio...) que experimenta ao iniciar um novo caminho na catequese paroquial, apresenta e acolhe a pessoa que, juntamente com ele, irá coordenar o processo da catequese de inspiração catecumenal, bem como a coordenação da catequese paroquial, agradecendo-lhe a preciosa colaboração.

O(A) coordenador(a) comenta como os sentimentos partilhados pelo pároco, caídos nos corações de todos os presentes, serão como o fermento novo, que vai fazer crescer o pão da comunidade fraterna. Acrescenta que, desse jeito, espera-se-se que muitos jovens e adultos se sintam atraídos ao caminho do discipulado no seguimento de Jesus.

Explica-se a dinâmica de apresentação, que ajudará todos a conhecerem-se um pouco melhor:

- O grupo formará um círculo, uma roda.

- Os crachás serão colocados no centro do círculo que foi formado pelas pessoas.

- Brincando de roda todos andam em volta dos crachás cantando uma música conhecida do grupo.

- O(A) coordenador(a) em dado momento pega um crachá e chama um dos participantes pelo nome. Ao fazer isso o grupo para de andar e de cantar.

- A pessoa que foi chamada se apresenta e, usando de preferência uma das letras de seu nome, diz ao grupo uma de suas qualidades.

- Continua-se a dinâmica até que todos tenham se apresentado.

- Após terminar as apresentações, o padre pede que, de dois em dois, leiam a mensagem que está atrás do crachá e deem um abraço, desejando um feliz encontro.

Canto: *Deus chama a gente* (p. 323, n. 1.475).

Oração

Canto: *Onde reina o amor* (p. 318, n. 1.459J).

- **Abertura do Ofício Divino**

Apresentamos na sequência duas aberturas do Ofício Divino das Comunidades para o Tempo Comum. Como os encontros geralmente

Iniciação à Vivência Cristã I

são à tarde e à noite, durante a semana e ou no domingo, colocamos duas opções de aberturas correspondentes.

Tempo Comum – Segunda-feira: Ofício da tarde.

Vem, ó Deus da vida, vem nos ajudar! (bis)
Vem, não demores mais, vem nos libertar! (bis)
Glória ao Pai e ao Filho e ao Santo Espírito. (bis)
Glória à Trindade Santa, glória ao Deus bendito. (bis)
Aleluia, irmãs, aleluia, irmãos! (bis)
Do povo que trabalha, a Deus louvação! (bis)
O Senhor te guarde, Ele é teu vigia. (bis)
Quem te garante a noite e governa o dia. (bis)
(ODC, 2008, p. 462-463.

Tempo Comum – Domingo: Ofício da tarde.

Venham, ó nações, ao Senhor cantar! (bis)
O Deus do universo venham festejar! (bis)
Seu amor por nós, firme para sempre, (bis)
Sua fidelidade dura eternamente. (bis)
Glória ao Pai e ao Filho e ao Santo Espírito. (bis)
Glória à Trindade Santa, glória ao Deus bendito! (bis)
Aleluia, irmãs, aleluia, irmãos! (bis)
Povo de sacerdotes, a Deus louvação (bis)
Ao partir o pão Ele apareceu, (bis)
Fica, Senhor, conosco, já escureceu! (bis)
(ODC, 2008, p. 458)

Trazendo a vida para a oração

A pessoa da equipe que vai coordenar este momento apresenta o tema e os objetivos deste encontro. Pode-se convidar a todos para lerem juntos. Sugere-se que após a leitura do objetivo o padre faça uma reflexão, chamando a atenção para a realidade, destacando: são muitos os batizados, os que receberam os sacramentos, porém são poucos os evangelizados. Preparando-nos para fazermos o caminho da Iniciação à Vida Cristã com jovens e adultos, teremos a graça de sermos evangelizados e evangelizadores, ou seja, viveremos com os que se iniciam a alegria do encontro com a Boa-nova do Reino de Deus, que é a pessoa do próprio Jesus.

Neste momento de oração pode-se ainda lembrar que o resultado que vamos realizar em qualquer aspecto de nossa vida será bom, muito bom ou ótimo, dependendo das motivações que temos. Incentivar a pedir ao Senhor deste caminho que nos ajude a zelar, com muito amor, das motivações que nos levaram a dizer sim.

II. Dinamizando o encontro

Para integrar melhor as pessoas, divide-se os participantes em duplas e por alguns minutos partilha-se as respostas das seguintes perguntas:

a) O que sentiram ao serem convocados(as) pelo pároco?

b) Por que disseram sim?

c) Onde querem chegar?

Plenário

- Acolher as respostas, anotando-as em um papelógrafo ou quadro. Depois, comentar que independentemente das semelhanças e diferenças das respostas encontram-se unidos na missão de evangelizadores.

- Após a partilha, convidar o grupo a cantar.

Canto: *Eis-me aqui, Senhor* (p. 129, n. 557).

Na sequência o coordenador(a) lança o seguinte questionamento para o grupo: De que instrumentos vamos precisar para que o caminho que estamos iniciando seja agradável a Deus, colaborando na construção de seu Reino, por meio de sua Igreja?

- Acolher as respostas anotando e destacando os pontos comuns, comentando o que está mais presente no sentimento e na percepção das pessoas.

Quem está coordenando o encontro pode completar a reflexão destacando que são fundamentais para a formação de uma verdadeira equipe desta catequese com jovens e adultos os seguintes aspectos:

- **A espiritualidade manifestada na oração**
Deve ser eclesial e pode encontrar uma boa inspiração nas fontes puras da espiritualidade dos Padres da Igreja, dos Padres do Deserto. Por isso, indicamos o uso do Ofício Divino das Comunidades que pode ser utilizado com frequência como instrumento para a alimentação da espiritualidade. Mas é importante compreender que a espiritualidade nos capacita a identificar a presença de Deus nos fatos comuns da vida, nas mensagens da cultura secular, nos apelos que nos vêm das necessidades dos irmãos.

- **Uma intimidade com a Bíblia**
É importante beber nas fontes puras da Palavra de Deus. Por meio do exercício da leitura orante aprofundamos nossa vida de oração. É importante saber ligar Bíblia e vida, para que nos sintamos sempre, em todos os lugares e situações, diante de Deus.

- **Uma espiritualidade encarnada**
Temos que saber rezar a vida, a partir da vida. Dando atenção aos irmãos que Deus vai nos confiando, contemplando a vida do Planeta Terra, analisando os acontecimentos da nossa sociedade vamos nos preparando para ser operários do Reino em todas as situações que nos cercam.

Canto: *O Senhor me chamou* (p. 143, n. 629).

Alguém entra com a Bíblia e a assembleia canta um refrão acolhendo.

Aclamação à Palavra: *Tua Palavra é lâmpada* (p. 149, n. 662).

Proclamação da Palavra: Is 43,1-5.

- Silenciar para acolher a Palavra no coração e rezar.

- A(O) catequista poderá, após o silêncio, encaminhar uma breve reflexão a partir do texto bíblico, destacando a importância de confiar nesse amor de Deus que nos acompanha, que nos sustenta nas dificuldades e nos faz perceber como é preciosa a vida humana (a nossa e a dos outros filhos e filhas de Deus).

Formando Equipes de Iniciação à Vida Cristã

Preces: Motivar o grupo para que sejam feitas preces espontâneas a partir da Palavra ouvida e meditada.

III. Estudo e reflexão

A metodologia utilizada para o estudo poderá ser a que sugerimos na sequência ou outra, a critério da equipe:

- Organizar a turma em pequenos grupos.
- Oferecer o material para estudo e exposição (papelógrafo, pincéis, tesoura...).
- Plenário: tempo para exposição e esclarecimentos.
- O(A) coordenador(a) ao final mobiliza a equipe para realizar uma conclusão concreta.

Importante

A coordenação do caminho de Iniciação à Vida Cristã pode aprofundar o conteúdo deste primeiro estudo consultando os n. 11 a 13 do Estudo da CNBB 97 (Iniciação à Vida Cristã).

Iniciação à Vida Cristã:
buscando compreender para viver melhor

Viver
E não ter a vergonha de ser feliz,
Cantar e cantar e cantar
A beleza de ser um eterno aprendiz
Eu sei
Que a vida devia ser bem melhor e será.
Mas, isso não impede que eu repita:
É bonita, é bonita e é bonita (Gonzaguinha).

É de fato muito bonito ouvir o profeta cantor.

Iniciação à Vivência Cristã I

A vida é o primeiro grande mistério que cada ser humano, ao nascer neste mundo, precisa encarar. Cada um a encara do seu jeito e com os recursos que a própria vida lhe oferece. Para alguns poucos a sorte sorriu e nasceram em uma situação confortável: têm recursos, são amados, tiveram quem cuidasse bem deles. Para estes é fácil e até natural cantar.

Alguns perguntam: Mas de onde vem tudo isso? Outros, mergulhados em certa acomodação, não se ocupam destas perguntas. Aos que perguntam não faltam aqueles que ousam responder: Foi Deus quem fez tudo isto e criou você para usufruir de tantas maravilhas. Não perca tempo! Viva a vida! E aqui entra em cena uma sociedade que produz e estimula o consumo, dia e noite, para os privilegiados consumirem, dizendo que viver é ter muitas facilidades, usar produtos que estão na moda. Porém, também estes, assim abarrotados de tantos produtos nem sempre necessários, um dia se sentem inquietados por questionamentos que não gostariam de fazer: Até quando? E depois?

Aqui, quando começam a se deparar com limites, lembram-se do que um dia ouviram: Foi Deus quem fez tudo isso para você. Aí começam a se questionar: Que Deus é esse? Onde Ele está? Como encontrá-lo? Essas indagações estão presentes no mundo dos poucos privilegiados.

Mas, e a multidão dos empobrecidos? Estes também abrem os olhos para o mistério da vida. O cenário é bem oposto: nasceram em barracos pobres ou debaixo das pontes, e muitos nunca se sentiram realmente amados. São pequenos e indefesos, sentem-se empurrados pela necessidade de sobreviver. Para eles, o mistério da vida se expressa na necessidade de sobreviver. Como viver com fome e sede? Como ser feliz sem ter aonde chegar? São estes que começam a perguntar muito cedo: De onde vim? Para onde vou? Como vou? Até quando? Eles também ouvem falar de um Deus que tudo criou para fazê-los felizes. Então a pergunta vem de um coração angustiado, vazio e infeliz: Mas, que Deus é esse? Como pode um Deus criar um mundo tão desigual?

Formando Equipes de Iniciação à Vida Cristã

O Catecismo da Igreja Católica afirma que "o homem é capaz de Deus" (cf. CIC, cap. I, n. 27). Isso significa que o ser humano é capaz de se relacionar com Deus, de se abrir à sua revelação.

Mesmo os filhos(as) de Deus ameaçados por tantos sofrimentos tentam planejar caminhos, espaços, ritos com a tentativa de encarar o mistério da vida, reunindo forças para amenizar um pouco a dor de sua existência marcada pelas consequências das injustiças do mundo.

Porém, as perguntas continuam: Quem é esse Deus? A resposta e a solução para tanta dor estão com Ele? Onde? Como encontrá-lo?

E o profeta cantor continua cantando a sua resposta: "Eu fico com a pureza da resposta das crianças: é bonita, é bonita e é bonita!"

Mas são os adultos e alguns jovens que fazem questionamentos sérios. É a estes que a Igreja precisa ouvir com urgência. É muito importante que o tempo reservado a ouvi-los seja seguido de uma séria reflexão: no mundo atual, nesta sociedade tão marcada por contradições, não basta apresentar apenas um compêndio de doutrinas, nem regras de comportamento para ser um bom cristão. É bem possível que isto não vá ajudá-los a encontrar respostas para suas tão graves perguntas, nem revelar o caminho para a descoberta de um novo sentido para as suas vidas. Todos nós, hierarquia, religiosos e leigos, precisamos gastar todo o tempo necessário para colaborar com o Espírito do Senhor, com Jesus, Mestre e Bom Pastor, a fim de revelar um espaço onde jovens e adultos redescubram a vida como o mais precioso dom de Deus, para que possam assumi-la como um projeto para a construção de um mundo novo, no qual todos possam ter a felicidade, a alegria e a paz.

IV. Revendo/avaliação

a) Como me senti neste encontro?

b) Qual é a síntese que faço do conteúdo estudado? Em que poderá contribuir com nossa missão?

c) Como avalio a minha participação?

V. Encaminhamentos

a) Próximo encontro: dia, hora e local.
b) Definir equipes para os serviços: ambientação, acolhida e oração.

VI. Oração final

Rezar o Pai-nosso.

Oremos

Deus, por meio de Cristo Jesus, inauguraste um novo tempo. Queremos nós também inaugurar em nossa Igreja este caminho. Colocai em nossos corações o desejo de vos servir e vos amar em nossos irmãos, anunciando a Palavra de vosso Filho, que vive e reina para sempre. Amém.

Segundo encontro

O MINISTÉRIO DOS ACOMPANHANTES

Objetivo

Proporcionar uma maior clareza sobre o ministério do acompanhamento.

Preparação do ambiente

A equipe de coordenação prepara com antecedência o espaço do encontro, colocando em destaque, dentro de um grande coração construído com flores, símbolos dos sacramentos de Iniciação à Vida Cristã: água, vela, vinho, óleo, pão, Bíblia, cartazes com o tema e objetivo.

Em um cartaz colocar o roteiro da leitura orante e também reproduzi-los em marca página ou cartão para cada participante, sugerindo que o deixem na Bíblia.

I. Iniciando o encontro

Acolhida

A equipe de coordenação, conforme sua criatividade e as possibilidades de sua comunidade, prepara uma acolhida para ajudar as pessoas a se sentirem felizes em integrarem a equipe da Catequese de Iniciação à Vida Cristã.

Oração

- Convidá-los a fazer a invocação ao Espírito Santo, cantando: Vem, vem, vem, vem Espírito Santo... (p. 93, n. 354).

- Rezar uma dezena do terço, consagrando a Maria, Mãe de Jesus e nossa mãe, nossa vocação e missão.

Iniciação à Vivência Cristã I

II. Dinamizando o encontro

Promover com o grupo uma roda de conversa, motivando para que relatem as suas experiências, com o tema da seguinte pergunta: Em sua caminhada de fé, você já teve a oportunidade de ser acompanhado por alguém?

Canto: *Confiemo-nos ao Senhor* (p. 317, n. 1.459C).

Vamos olhar para a Palavra de Deus que orienta nossa vida cristã e alimenta a nossa vocação e nossa missão.

Aclamação à Palavra: *Perto de nós* (p. 149, n. 665).

Proclamação da Palavra: 1Cor 12,12-31.

- Silenciar para acolher a Palavra no coração e rezar.

- A(O) catequista poderá, após o silêncio, encaminhar uma breve reflexão a partir do texto bíblico, destacando a importância de trabalhar em comum-unidade na comunidade. Destacar ainda a importância de cada cristão na construção do Reino e, em nossa comunidade catecumenal, a importância de cada um de nós em ajudar os candidatos a descobrirem o seu valor e seu espaço na vida da comunidade cristã.

- Pode-se levar o grupo a refletir que cada acompanhante é responsável para criar a unidade, o respeito pela diferença e a solidariedade que deve existir para que os membros da comunidade cristã cresçam sempre mais na fé, formando o corpo de Cristo e testemunhando.

III. Estudo e reflexão

Introdução ao estudo do Ministério dos Acompanhantes

Para orientar o processo de preparação dos que querem ser verdadeiros discípulos, assumindo seu lugar na Igreja, temos um livro especial: é o *Ritual da Iniciação Cristã de Adultos* (RICA). Nele encontram-se as fases do processo e as celebrações que acompanham cada progresso. Como o próprio livro diz, seus conteúdos podem ser adaptados a cada situação local, mas no conjunto nos dá a inspiração para realizar bem toda a caminhada da iniciação. É um material que deve ser bastante conhecido e estudado pela equipe que vai coordenar as ações pastorais.

O RICA propõe um trabalho a ser realizado em 4 "tempos":

- A evangelização e o "pré-catecumenato" (um primeiro anúncio da mensagem).

- O catecumenato propriamente dito (a formação mais detalhada).

- A purificação e iluminação (a preparação mais próxima dos sacramentos).

- A mistagogia (o aprofundamento nos mistérios celebrados na vida em comunidade).

A transição de um tempo para outro é marcada por celebrações que vão proclamando e ajudando a interiorizar o sentido da caminhada de crescimento na fé. No n. 41 de sua introdução, o RICA destaca a importância do envolvimento da comunidade:

> O povo de Deus, representado pela Igreja local, sempre compreenda e manifeste que a iniciação dos adultos é algo de seu e interessa a todos os batizados. Por conseguinte, realizando sua vocação apostólica, estará inteiramente disposto a prestar auxílio aos que procuram o Cristo. Nas diversas circunstâncias da vida cotidiana, assim como no apostolado, cabe a todo discípulo de Cristo a missão de difundir a fé. Deve, portanto, ajudar os candidatos e os catecúmenos durante todo o currículo da iniciação: no pré-catecumenato, no catecumenato e no tempo da mistagogia. Estejam, portanto, prontos a demonstrar o espírito da comunidade cristã e receber os candidatos nas famílias, nas reuniões particulares e mesmo em algumas reuniões comunitárias (RICA. Introdução, n. 41).

O ministério da comunidade cristã está na essência do catecumenato. A prova disso é que o Ritual da Iniciação de Adultos à Vida Cristã propõe a presença de membros da comunidade, com participação ativa, nas celebrações próprias do caminho catecumenal.

Para que isso de fato aconteça é necessário que os demais ministérios do catecumenato, liderados pelo ministro ordenado, incentivem todas as forças vivas da comunidade paroquial a acolherem este jeito novo de fazer evangelização e catequese com adultos (cf. RICA. Introdução, n. 41).

Se assim não for assumido, o catecumenato não passará de mais uma gaveta no enorme armário das pastorais e movimentos, que fazem a comunidade "inchar". Ficaria tudo muito bem-arrumado e comandado, mas sem nenhum compromisso com a unidade do Corpo do Senhor, a sua Igreja (cf. 1Cor 12,12-31). Catecumenato se faz dentro de uma bem-organizada pastoral de conjunto, planejada de modo participativo.

Numa comunidade assim, o caminho da Iniciação à Vida Cristã poderá contar com pessoas que nunca faltarão: são aqueles e aquelas capazes de abrir o coração e estender as mãos, oferecendo uma atenção personalizada a cada iniciante, pois os adultos que se aproximam precisam, em primeiro lugar, de acolhida e acompanhamento (cf. RICA, n. 42). A esses o Ritual da Iniciação à Vida Cristã denomina de acompanhantes, aqueles que seriam os guias pessoais de cada candidato, os amigos que vão ajudar cada um a se sentir em casa na família cristã. É um ministério de acompanhamento pessoal, a ser feito com ouvido atento para as necessidades do outro, num clima de confiança, sensibilidade e respeito. Sem isso, poderão acontecer outros modelos de catequese, porém não estarão de acordo com a proposta de um autêntico catecumenato (cf. RICA, n. 43). Assim sendo, é a este ministério que a diocese, paróquia ou as comunidades devem se dedicar com profundo zelo e cuidado, assim que se fizer a opção por essa catequese. Afinal, o que é o ministério de acompanhantes?

Aprofundando o sentido deste ministério

Antes de sua volta definitiva para o seio do Pai, sabendo dos enormes desafios para a continuidade do novo reino que veio anunciar, Jesus celebra com seus apóstolos e discípulos o último e decisivo envio missionário dizendo: "Toda autoridade me foi dada a mim no céu e sobre a terra. Portanto, vão e façam que todos os povos se tornem meus discípulos, batizando-os em Nome do Pai e do Filho e do Espírito Santo, ensinando-os a observar tudo o que ordenei a vocês. Eis que eu estou com vocês todos os dias até o fim do mundo" (Mt 28,18b-20).

Para a Igreja, aqui está o alicerce sólido de sua missão de evangelizar e catequizar, gerando nos primeiros séculos do cristianismo novos discípulos e missionários para o Reino.

A seriedade da missão de evangelizar e catequizar no mundo dos jovens e adultos, conquistando-os para o caminho de Jesus, levou a Igreja desde o início, com os apóstolos, a preparar agentes qualificados. O Ritual da Iniciação Cristã de Adultos trata de forma sucinta, mas com a devida clareza, sobre este assunto (cf. RICA, n. 41-48).

Para tratar dos ministérios dos acompanhantes vale a pena destacar o que ele diz: "O candidato que solicita sua admissão entre os catecúmenos é acompanhado por um introdutor, homem ou mulher, que o conhece, ajuda-o e é testemunha de seus costumes, fé e desejo. Pode acontecer que este introdutor não exerça as funções de padrinho nos tempos da purificação, da iluminação e da mistagogia. Nesse caso, será substituído por outro" (RICA, n. 42).

Este ministério dos acompanhantes, pouco conhecido pelas comunidades cristãs, é considerado como uma novidade especial do catecumenato. Porém, se pensarmos melhor, vamos encontrar a marca de gente que fez algo bem parecido na caminhada do povo que busca dar os seus primeiros passos na direção de uma comunidade, querendo encontrar um sentido cristão para a vida. Se fizermos uma entrevista no meio do povo, ao final de uma celebração, vamos escutar muitas histórias como esta:

> *"Quando aqui cheguei, não sabia nem onde estava a Igreja. Havia muitos de outras Igrejas que batiam na minha porta, mas eu queria continuar sendo católico. Um dia Dona Maria, que morava na esquina, começou a conversar comigo e, vendo que eu era católica, convidou-me para ir à Igreja com ela. Para mim foi muito forte o exemplo de boa cristã que ela me dava".*

Este é o essencial da missão do acompanhante: evangelizar mais pelo testemunho. Com gestos concretos de amizade e fraternidade, ele se torna um sinal de que a comunidade, da qual participa, é um espaço onde todos são acolhidos como irmãos, revelando assim o próprio Deus de Jesus Cristo, que reúne o seu povo no amor.

Vivendo em uma sociedade onde impera o individualismo, responsável por gerar tantos seres humanos dominados pela depressão, é um verdadeiro presente de Deus encontrar, numa comunidade cristã, alguém que abraçou a missão de acompanhar pessoalmente, na vida e na fé, o jovem e o adulto que chegam.

O acompanhamento é um jeito muito humano e cristão de acolher as alegrias, as dificuldades da vida e da vivência cristã, mostrando à pessoa acompanhada que ela não está sozinha. É por isto que o Ritual de Iniciação Cristã valoriza este ministério do acompanhante da mesma forma que o ministério do(a) catequista. Podemos afirmar que esses dois ministérios se completam.

Afinal, onde buscar pessoas para viver um ministério tão importante e essencial, nesta Catequese de Iniciação à Vida Cristã? No projeto do Reino para o qual Jesus nos chama e nos escolhe como seus(suas) discípulos(as), tudo é muito importante e valioso. Porém, nesse seu Reino não há espaço para as complicações, sofisticações e o peso das normas que impedem a leveza e a luz do seu Espírito. Todas as energias devem ser concentradas na busca do essencial, que é Ele mesmo, o Senhor do Reino, que veio nos trazer vida em abundância, até chegarmos à plenitude.

Portanto, uma das primeiras ocupações do pároco em comunhão com o diácono, se houver, e com a pessoa convidada para coordenar todo o processo, é começar a ver a comunidade com um olhar de discernimento conforme a vontade do Espírito do Senhor. É importante, porém, que já tenham estudado sobre o ministério do acompanhante, tendo bem claro alguns critérios para sua escolha. Segundo Domingos Ormonde (2001, p. 164) queremos como acompanhante alguém:

- Que já tenha participado dos sacramentos da Iniciação à Vida Cristã (Batismo, Confirmação e Eucaristia).
- Que seja uma pessoa sempre presente, sobretudo nos dias em que a comunidade se encontra para celebrar a fé (Dia do Senhor; dias santos; novena do padroeiro).
- Que revele ser uma pessoa que tem fome e sede de cultivar sua vida de fé e de amor na oração, na escuta da Palavra e nos serviços da caridade com os pequenos e pobres.

- Que demonstre interesse e zelo pela formação que a comunidade sempre oferece.
- Mas também que deixe transparecer paz interior, abertura, alegria e simpatia no acolhimento às pessoas.
- Que revele, com humildade, o desejo de estar sempre a caminho da conversão e mudança de vida.
- Que inspire confiança, que tenha respeito pelas confidências que recebe e saiba silenciar diante dos problemas surgidos diante dos relacionamentos na vida comunitária.

Tendo à frente este retrato de um acompanhante, o pároco, o diácono e a pessoa que vai coordenar começam a fazer uma lista sobre a qual devem rezar muito. Esta lista deverá ser numerosa, relembrando que cada adulto ou jovem receberá um(a) acompanhante.

Após esse exercício de discernimento, a pequena equipe se reúne com o CPP (Conselho de Pastoral Paroquial), onde apresentam o projeto da Catequese de Iniciação à Vida Cristã e a lista dos acompanhantes, para que o CPP apresente a sua opinião acerca de cada pessoa. Somente após essa reunião, a pequena equipe de coordenação conversa e convida cada pessoa aprovada para participar da equipe de Catequese de Iniciação à Vida Cristã, inspirada no catecumenato.

É muito importante que os participantes desse processo saibam que desde o momento em que deram o seu sim, em primeiro lugar ao Senhor Jesus que os chamou e os escolheu, estão comprometidos com um longo caminho de formação. É isso que vai preparar os responsáveis para tão séria, envolvente e maravilhosa missão.

É importante compreender, também, que os acompanhantes vão acompanhar os jovens e adultos, normalmente, até o final do segundo tempo (o catecumenato). Ao entrarem no terceiro tempo (purificação e iluminação) já serão acompanhados pela pessoa escolhida como padrinho ou madrinha, que muitas vezes podem vir a ser os próprios acompanhantes.

Para bem fechar este conteúdo, apresentamos o testemunho de um casal de catecúmenos sobre o acompanhamento cujos nomes são José Eduardo e Helliete:

O acompanhamento em nossa caminhada foi algo muito especial, pois sem ele não teríamos aprendido tanto, ou até penso que não estaríamos chegando ao final. Ele nos fortalece, nos faz refletir sobre cada encontro e assim nos ajuda a crescer na fé e no amor pelo caminho de Jesus.

Um casal acompanhou a mim e meu esposo e os dois se tornaram como membros de nossa família. A paciência, o esforço e a dedicação deles criaram laços de fraternidade tão profundos entre nós, que eu e meu esposo os convidamos para serem os nossos padrinhos de Crisma. Com o testemunho que nos dão, tornaram-se pessoas indispensáveis em nossa vida cristã.

IV. Revendo/avaliação

a) Como me senti neste encontro?
b) Qual é a síntese que faço do conteúdo estudado? Em que poderá contribuir com nossa missão?
c) Como avalio a minha participação?

Canto: *Senhor, se Tu me chamas* (p. 130, n. 562).

V. Encaminhamentos

a) Próximo encontro: dia, hora e local.
b) Definir equipes para serviço: alimentação, acolhida e oração.

VI. Oração final

Rezar o Pai-nosso.

Oremos

Deus que chamaste os profetas para anunciar o Reino de vida nova. Despertai em cada um de nós e daqueles que se aproximam para servir esta Igreja o Espírito de sabedoria e fortaleza para anunciar o Verbo Encarnado Jesus Cristo. Nós te pedimos por Ele na unidade do Espírito Santo. Amém.

Terceiro encontro

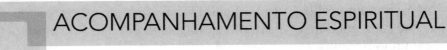
ACOMPANHAMENTO ESPIRITUAL

Objetivo

Vivenciar um acompanhamento espiritual em preparação para este ministério com os jovens e adultos.

Preparação do ambiente

A equipe de coordenação prepara com antecedência o espaço do encontro, colocando em destaque dentro de um grande coração construído com flores, símbolos dos sacramentos de Iniciação à Vida Cristã: água, vela, vinho, óleo, pão, Bíblia, cartazes com tema e objetivo.

I. Iniciando o encontro

Acolhida

A equipe de coordenação, conforme sua criatividade e as possibilidades de sua comunidade, prepara uma acolhida que vai ajudar as pessoas a se sentirem felizes ao integrarem com a equipe da Catequese de Iniciação à Vida Cristã.

Oração

Motivar a Invocação ao Espírito Santo cantando/murmurando: *Vem, Espírito Santo, vem iluminar* (p. 93, n. 356).

Invoquemos a Maria, mãe de Jesus e nossa mãe, que venha ser nossa companheira nesta missão cantando uma Ave-Maria.

Canto: *Eis me aqui, Senhor* (p. 129, n. 557).

II. Dinamizando o encontro

O(A) coordenador(a) desta atividade convida para lerem juntos o tema, ressaltando que o objetivo deste é vivenciar um acompanhamento espiritual, pois precisamos estar preparados para essa missão.

Vamos deixar que a Palavra de Jesus ilumine esta nossa vivência de um acompanhamento espiritual.

Aclamação à Palavra: *Pela Palavra de Deus* (p. 127, n. 542).

Proclamação da Palavra: Mt 5,14-16.

- Será que hoje, quando vamos nos preparar para viver o ministério do acompanhamento, podemos ouvir Jesus dizendo para nós o mesmo?

- Vamos silenciar e acolher esta Palavra em nossos corações.

- Podemos responder rezando juntos:

Senhor Jesus, Tu és a nossa luz. Com essa tua Palavra torna bem claro para nós a missão do acompanhamento. Queremos assumir com muito amor este ministério. Por isto te pedimos, Senhor: quando formos ao encontro de nossos adultos faça brilhar intensamente esta luz em nós, para que por intermédio de nossas palavras e gestos a sua face brilhe diante deles e possam experimentar o quanto o Senhor os ama e quer tê-los sempre no caminho de sua luz. Amém.

III. Estudo e reflexão

Organizar o grupo a fim de estudar e vivenciar a proposta a seguir. Iniciar estudando, em pequenos grupos, o conteúdo sobre este assunto (durante aproximadamente 20 minutos).

Acompanhamento espiritual[5]

Dentro deste processo de Iniciação à Vida Cristã, o acompanhamento tem sido um instrumento fundamental no crescimento humano e na fé dos que se aproximam e querem fazer parte deste caminho. Por meio da nossa experiência percebemos que este acompanhamento, quando realizado com seriedade, desperta na pessoa um desejo profundo na pessoa em mergulhar no mistério que a envolve. Neste sentido, o acompanhamento quer ser um caminho que ajude a pessoa formar e/ou encontrar sua identidade. Acreditamos que, quando o cristão consegue despertar dentro de si esta dimensão, irá, sem sombra de dúvida, encontrar sua vocação e, por sua vez, sua missão no seio da comunidade cristã.

Partindo do pressuposto que tanto acompanhante como acompanhado são incompletos, entende-se que ambos crescem no processo de acompanhamento espiritual, porque caminham na mesma direção: conhecer e experimentar Jesus Cristo. Nesse caminhar é necessário que o acompanhante tenha clareza da importância de seu papel neste processo, estando ciente das metas, posturas e passos do acompanhamento espiritual.

Metas do acompanhamento espiritual

- Ajudar a pessoa a mergulhar na experiência do Espírito Santo, abrindo-se para Ele. Levar, pela oração, a pessoa a pedir ao Pai os dons do Espírito Santo. É Ele quem dará capacidade para abrir a mente e o coração para perseverar neste caminho.

- Além de conhecer mais profundamente a Bíblia, levar os jovens e adultos ao envolvimento para uma verdadeira experiência desta Palavra, conhecendo e experimentando, e tornando-se discípulo de Jesus Cristo.

---

[5] Contribuiu para elaborar a proposta de estudo o artigo de Domingos Ormonde: "Acompanhamento Espiritual", publicado na Revista de Liturgia, n. 164, mar.-abr./2001, p. 28-29.

- Despertar o desejo pelo exercício da leitura orante da Palavra de Deus e, com isso, a oração pessoal.

- Mergulhar num permanente ritmo de conversão da vida para Deus. Sobretudo por meio da descoberta do Sacramento da Reconciliação.

- Ajudar a pessoa a discernir suas motivações e suas escolhas de fé.

- Transmitir a experiência de ajuda fraterna, solidária e comprometida com os pobres e necessitados.

Posturas do acompanhante

- Capacidade de se colocar no lugar do outro, de modo a perceber o que sentiria, caso estivesse em tal lugar.

- Aceitação e respeito, com a capacidade de acolher o outro integralmente; ajudando a pessoa a analisar o que sente, pensa, fala ou faz, sem julgá-la ou pressioná-la. Se a pessoa não quiser falar logo no início da conversa algumas questões, não será pressionando para que seja capaz disso. Primeiro é preciso estabelecer a capacidade da confiança mútua.

- Entender o outro. O que o outro vai partilhar precisa ser respeitado, não pode virar assunto de falatório, é confidencial. A aceitação dele como pessoa significa procurar entender o que outro vive e sente, para que ninguém se sinta desvalorizado ou rejeitado.

- Não emitir prejulgamentos nas experiências religiosas já realizadas pela pessoa. É sua história de vida e precisa ser respeitada.

- Ajudar a falar e libertar-se. A arte do acompanhamento espiritual é a arte de estar junto com a pessoa, sem pressa.

- Ser pessoa que preza pela oração tanto comunitária como pessoal. Aqui vale mais o testemunho do que palavreados.

- Nas orações individuais, dar às pessoas que são acompanhadas total liberdade de expressão.

- Durante as celebrações comunitárias, trazer no coração e apresentar a Deus todos os que estão interessados na Iniciação à Vida Cristã e na comunidade.

Formando Equipes de Iniciação à Vida Cristã

Passos do acompanhamento espiritual

1° passo: aproximar-se e se mostrar disponível

- Partilhar (da parte do acompanhante) brevemente a sua busca de Deus na comunidade, bem como suas convicções acerca da fé.

- Iniciar a conversa: "Como você está se sentindo?" (deixar que ele(a) fale de seus desejos, dores e alegrias).

- Despertar na pessoa acompanhada que partilhe sua experiência e maneira de buscar Deus: Como ela tem se relacionado com Deus? O que espera de uma comunidade de fé? Como tem se aproxima-do da comunidade?

- Mencionar, em poucas palavras, como será a dinâmica desta ca-tequese, onde a diferença e a novidade do processo catecumenal está no acompanhamento espiritual.

- Falar do compromisso que esse acompanhamento exige, tanto do acompanhado como do acompanhante, sendo fiéis ao que for combinado.

2° passo: invocar o Espírito Santo

- Convidar a fazer silêncio.
- Despertar a consciência de estar na presença de Deus.
- Invocar com um mantra o Espírito Santo.

3° passo: meditação

- Ler o Evangelho indicado pela própria catequese, ou pela liturgia a ser celebrada no domingo (aqui se inicia a leitura orante).
- Reler o Evangelho devagar, percebendo o que mais chamou a atenção.
  - O que mais gostei no texto?
  - O que o texto me faz dizer a Deus?
  - Qual o novo desafio que descobri nesta leitura para ser verda-deiro discípulo de Jesus?

- Lembrar ao acompanhado que Deus se revela pelas Sagradas Es-crituras, na liturgia da comunidade e por intermédio das pessoas, sobretudo dos mais necessitados. Ajudar a perceber e partilhar a mensagem de Deus nos acontecimentos do dia a dia. Ouvir o que o outro sente a partir da reflexão da Palavra.

- A respeito da leitura bíblica: procurar saber que tipo de familiaridade o acompanhado tem com a Bíblia.

- Despertar o acompanhado para, a partir da leitura orante, deixar brotar sempre em seu coração uma verdadeira oração (motivar para este hábito).

- Oferecer sua contribuição para uma maior familiaridade com a Bíblia e sua interpretação.

4° passo: oração pessoal

- Tempo de oração pessoal a partir da leitura bíblica. Para isto fazer um momento de silêncio, onde acompanhante e acompanhado experimentam uma comunhão com Deus que se revela na Palavra. Motivar para que a pessoa também faça isso em casa.

5° passo: conversa fraterna sobre a oração

- Como a pessoa faz sua oração? (súplica, agradecimento, perdão, louvor ou outro tipo de conversa com Deus).

- Com que frequência ela reza?

- Qual a imagem que ela tem de Deus?

- O lugar da sua oração (casa, igreja, rua, trabalho...).

- Como se relaciona com Deus por meio da oração? É como amigo ou como juiz?

- Quais são as motivações de sua oração (pessoais, familiares, sociais, comunitárias).

6° passo: revisão

- Recordar o encontro: O que mais marcou?

- Anotar o que foi mais importante na oração: palavras, sentimentos, gestos...

- Partilhar os sentimentos que brotaram depois da oração.

- Observar como está sendo a experiência de conhecer Jesus.

- Ouvir do outro o testemunho sobre as novidades que estão sendo descobertas e vividas.

- Indagar sobre as dúvidas que surgem durante o caminho.

- Conversar sobre as novas atitudes que esta experiência faz nascer na vida de cada um (família, amigos, trabalho, comunidade...).

- Avaliar se a Palavra de Deus tem ajudado a rezar mais e melhor.

O que apresentamos oferece um longo esforço para que, ao longo do caminho, estes espaços sejam cada vez mais aprimorados para o próprio fortalecimento da fé e, consequentemente, daqueles que se aproximam da Iniciação à Vida Cristã. Por isso, este processo exige muito respeito e interesse pela pessoa que Deus tem enviado aos nossos cuidados. As orientações propostas são um caminho que, aos poucos, vamos familiarizando. Isso não significa que devem ser cumpridos à risca todos os passos aqui propostos. Eles servem de setas de orientação.

É sempre essencial ouvir o que o outro tem a dizer, mesmo que isso signifique uma mudança no roteiro do encontro. O outro, mesmo não sendo ainda um cristão bem-iniciado, pode ter vivenciado experiências importantes de encontro com Deus que conseguem ser edificantes para o acompanhante.

Também é possível que se revelem problemas ou angústias, que devem ser ouvidos com fraterna compreensão e solidariedade. É importante se deixar levar pela ação do Espírito que se revela na pessoa. É bom que o acompanhante anote todo o processo de acompanhamento, sem deixar de respeitar a confiança das confidências que lhe forem feitas.

Lembramos que o relatado aqui é uma experiência de inspiração catecumenal. Outras maneiras de agir podem ser criadas, a partir dos mesmos princípios gerais, de acordo com a situação ou tipo de espiritualidade e criatividade de cada um.

Plenário

A equipe de coordenação acolhe as partilhas do estudo, esclarecendo as dúvidas e convida para uma vivência de um acompanhamento espiritual.

Preparando para a vivência

Nesta vivência, em primeiro lugar, vamos nos organizar em dois grupos:

- No 1º grupo estarão os que irão representar os jovens e adultos que estão interessados no catecumenato.

- No 2º grupo os acompanhantes.

O primeiro grupo se retira com duas catequistas para ocupar um espaço separado. Este grupo irá rezar ao Espírito Santo, ler e refletir o Evangelho do domingo.

É importante dar a cada um(a) a oportunidade de partilhar sua reflexão do Evangelho. No final os(as) catequistas dão a cada um(a) um papel com um número de referência para o sorteio da pessoa que vai acompanhá-lo.

Enquanto isso o segundo grupo está reunido com o padre e os(as) demais catequistas, dando-lhes as seguintes orientações:

a) Vamos acolher com vocês os interessados. Podemos cantar juntos um refrão de acolhida como, por exemplo: "Você que está chegando..."

b) Em seguida vocês serão apresentados ao grupo como acompanhantes, explicando quem são e qual será a missão deles neste caminho que irão percorrer. Cada acompanhante dirá o seu nome e expressará a alegria em poder participar desta catequese.

c) Cada um dos acompanhantes receberá um número por meio do qual serão feitos os sorteios para o acompanhamento. Aqui é importante que a equipe tenha um cuidado todo especial com os casais que se aproximam deste caminho de seguimento a Jesus. Sugerimos que os acompanhantes para estes sejam também casais. Vale ainda lembrar que, se houver entre os interessados e os acompanhantes alguém com algum nível de parentesco, que não sejam escolhidos entre si para o acompanhamento.

d) Depois do sorteio vocês terão alguns minutos para, a partir do Evangelho indicado do domingo, realizar a proposta de vivência do acompanhamento.

Vivência

Os dois grupos se encontram realizando o sorteio para que cada acompanhante se retire com a pessoa sorteada e realize o acompanhamento considerando o estudo realizado durante quinze minutos.

IV. Revendo/avaliação

A coordenadora da equipe motiva os dois grupos a partilhar:

- Como me senti como acompanhante? E como acompanhado?

V. Encaminhamentos

a) As duplas que vivenciaram esta experiência poderão repeti-la, pois quando assumirem este ministério do acompanhamento estarão mais seguras.

b) A equipe de coordenação deixa marcado o próximo encontro de formação. Será uma oficina para preparar as convocações dos jovens e adultos que estão interessados na Catequese de Iniciação à Vida Cristã.

Sugere-se fazer ao menos três convocações no final das celebrações da comunidade no Dia do Senhor, pois o objetivo é que os jovens e adultos sejam atraídos para este caminho.

Pode-se organizar com toda a equipe do catecumenato outros momentos de convocações como, por exemplo: no grupo de jovens, nas periferias, nas pastorais, nas escolas, entre outros, de acordo com cada realidade.

Neste encontro de preparação, cada um irá colocar os talentos que Deus lhe deu à disposição deste grande mutirão das convocações que atrairá os jovens e adultos. Para isso é necessário que venham todos(as) com grande entusiasmo, com os corações repletos de amor e muita alegria.

VI. Oração final

Rezar um Pai-nosso e uma Ave-Maria.

Oremos

Deus que inspiraste Abraão e Sara a serem pais na fé, inspirai pelo Espírito Santo estes homens e mulheres que respondem ao teu chamado de cuidar na fé aqueles que se aproximarem desta Igreja para se tornarem discípulos de teu Filho Jesus Cristo. Pedimos-te em nome dele que vive e reina para sempre. Amém.

Canto: *O Senhor me chamou a trabalhar* (p. 143, n. 629).

Quarto encontro

CONVOCANDO OS JOVENS E OS ADULTOS

Objetivo

Preparar as convocações de jovens e adultos para a Iniciação à Vida Cristã.

Preparação do ambiente

A equipe de coordenação prepara com antecedência o espaço do encontro, colocando em destaque dentro de um grande coração construído com flores, símbolos dos sacramentos de Iniciação à Vida Cristã: água, vela grande, vinho, óleo, pão, Bíblia, cartazes com tema e objetivo. Disponibilizar recursos para a produção de cartões, cartazes, painéis (canetas, cola, pincéis atômicos, tesoura, cartolina e outros) e a realização da limpeza de acordo com os serviços definidos para realizar as convocações.

I. Iniciando o encontro

Acolhida

Cada acompanhante recebe um cartão com a mensagem do Evangelho e uma vela.

Oração

Canto: *Indo e vindo* (p. 318, n. 1.459Q).

(Acender a vela.)

- Invocar a Santíssima Trindade cantando.
- Invocação ao Espírito Santo: A nós descei, Divina Luz (p. 92, n. 353).

Cada um acende sua vela na vela maior, fazendo uma súplica ao Espírito Santo, que está nos chamando para nos dar a sua luz.

No final, cantam-se três Ave-Marias, consagrando o encontro à mãe de Jesus e nossa mãe.

II. Dinamizando o encontro

Este encontro será desenvolvido usando a metodologia de oficina, em que cada um dará sua contribuição pessoal para juntos prepararem as convocações de jovens e adultos e participarem da Catequese de Iniciação à Vida Cristã.

A equipe de coordenação, ou seja, o padre, a coordenadora e os(as) catequistas apresentam os vários serviços que serão necessários na preparação para a primeira convocação. Podem ser preparados em papelógrafos ou no quadro, como no exemplo, inserindo outros serviços, se necessário, para atender a realidade local.

Serviços para as convocações	Nomes
Equipe dos cartões	
Equipe dos cartazes	
Equipe do painel e faixa	
Equipe de limpeza e organização da Igreja	

Cada pessoa, conforme seus dons, coloca o seu nome em uma das funções, na tabela disponibilizada no quadro ou papelógrafo. Os materiais necessários para a execução do trabalho já estarão nos espaços onde cada equipe vai trabalhar. É importante que o trabalho seja uma feliz oração.

- **Equipe dos cartões (que serão entregues nas portas da Igreja)**

  - Sugestões de frases para os cartões: "Deus é amor, Ele chama você para morar em seu coração de Pai. Seja bem-vindo, seja bem-vinda"; "Eu sou o Caminho, a Verdade e a Vida – disse Jesus. Venham caminhar com Ele. Nós acolhemos você com muita alegria".

- **Equipe dos cartazes**

  - *Modelo 01*: Quem é Jesus para você? Deseja conhecê-lo melhor? A nossa comunidade tem uma feliz surpresa para você. Venha falar conosco no final da celebração.

  - *Modelo 02*: Jesus quer revelar o infinito amor que Ele tem por você. Venha participar! Fale conosco após a celebração.

  - *Modelo 03*: Você é adulto e ainda não é batizado, não fez a Primeira Eucaristia nem a Crisma? Nossa comunidade tem uma feliz oportunidade para você: o Senhor Jesus o espera de braços abertos. Venha falar conosco após a celebração.

  - *Modelo 04*: É Jesus que está chamando por você. Não deixe para depois. Venha hoje após esta celebração.

- **Equipe do painel e faixa (que serão colocados na entrada da Igreja)**

  - No painel poderá ser colocada a frase do primeiro cartaz. Na faixa sugere-se, como exemplo, a frase: *"2013 – Ano da Graça do Senhor para a nossa Comunidade Paroquial. Vamos percorrer juntos o caminho da Iniciação à Vida Cristã, com nossos jovens e adultos. Venham! É Jesus quem nos chama"*.

- **Equipe da limpeza e organização da Igreja**

  - Os cartazes para as convocações devem ser colocados em lugares de destaque, de modo a facilitar a leitura.

  - Esta equipe organiza um roteiro e uma divisão das atividades que serão realizadas antes, durante e após as celebrações. Por exemplo: identificar em que lugares é possível colocar os cartazes e as faixas; quando serão colocados e retirados. Este processo contribui para que cada pessoa saiba o que precisa realizar e em que momento, garantindo tranquilidade a todos os envolvidos nesta equipe.

III. Revendo/avaliação

Terminando a oficina, todos se reúnem novamente e a coordenadora motiva os componentes do grupo a partilharem como estão se sentindo após esse trabalho.

IV. Encaminhamentos

Serão combinados os últimos detalhes. Por exemplo: é importante que no domingo estejam todos, na porta da igreja, 30 minutos antes da hora da celebração, para a acolhida das pessoas que vão chegando. A equipe dos cartões se organiza em cada entrada da igreja; os homens da equipe colocam a faixa e o painel na entrada da Igreja.

Combinar para o primeiro domingo após as convocações o primeiro encontro com jovens e adultos. Ao fazerem a inscrição, estes já serão convocados para o primeiro encontro, tendo clareza do dia, da hora e do local.

V. Oração final

Rezar o Salmo 145(144).

Oremos

Deus, fonte de vida e salvação. Com o Espírito Santo inspiraste Jesus para anunciar o Reino de justiça e de paz. Inspire cada um de nós para fazermos a tua vontade e realizar em plenitude aqui na terra o sacramento do amor nos irmãos e irmãs. Por Cristo Nosso Senhor. Amém.

Quinto encontro

ACOLHENDO OS JOVENS E OS ADULTOS

Objetivo

Preparar a equipe do catecumenato para o primeiro encontro com os jovens e adultos que já manifestaram interesse por esta catequese.

Preparação do ambiente

A equipe de coordenação prepara com antecedência o espaço do encontro, colocando em destaque os símbolos dos sacramentos de Iniciação à Vida Cristã: água, vela, vinho, óleo, pão, Bíblia, cartazes com tema e objetivo. Na porta, um coração com a frase: "Eu escolhi você".

I. Iniciando o encontro

Acolhida

A pequena equipe de coordenação acolhe os(as) acompanhantes com cantos alegres e uma mensagem em um cartão, no formato de um pé, com um pirulito.

Oração

Canto: *Indo e vindo* (p. 318, n. 1.459Q).

(Acender a vela.)

Abertura do Ofício Divino das Comunidades (conforme tempo litúrgico e hora).

Formando Equipes de Iniciação à Vida Cristã

Trazendo a vida para a oração

O que você considera mais importante e o que mais tocou seu coração no que vivemos e fizemos até agora? *(conversa em duplas, e após isso uma pequena partilha).*

Canto: *O Senhor me chamou a trabalhar* (p. 143, n. 629).

II. Dinamizando o encontro

Aclamação à Palavra: *É como a chuva* (p. 126, n. 540).

Proclamação da Palavra: Mc 9,42-50

(Silêncio para o Senhor falar ao coração de cada um.)

III. Estudo e reflexão

O caminho começa a se tornar concreto. Recordamos este tempo de formação da equipe de Catequese de Iniciação à Vida Cristã e os três domingos de convocações. Comentar que estão reunidos para preparar o encontro de toda a equipe para a primeira acolhida dos jovens e adultos. O mais importante é que esta acolhida seja alegre e fraterna, porque esta será a principal evangelização que os jovens e adultos irão receber.

Explicar que, para organizar bem o trabalho, deverão seguir o roteiro com as orientações prévias:

1. Ambiente

Conversar sobre o processo de ambientação e sua importância de estar em sintonia com a realidade e temas que serão tratados em todo o processo de Iniciação à Vida Cristã, bem como os símbolos.

Apresentar e comentar as sugestões:

a) Formar um caminho com flores e galhos verdes até a porta de entrada do espaço do encontro. No meio do caminho um cartaz: Sejam bem-vindos.

b) Colocar na porta do espaço do encontro um grande coração contendo no seu interior a frase: "Eu te chamo pelo nome, tu és meu".

2. Acolhida

Explorar a importância da acolhida como forma de aproximar as pessoas e despertar o desejo de perseverar, portanto há necessidade de ocupar-se em sua preparação e definir momentos que expressem que ela ocorre durante todo o encontro. Conversar e refletir sobre os aspectos da acolhida propostos na sequência.

a) Toda a equipe de acolhida da Catequese de Iniciação à Vida Cristã, à medida que os adultos vão chegando, acolhe cantando: "Você que está chegando, bem-vindo, seja bem-vindo. Só estava faltando você aqui". Com um aperto de mão, entrega-se a cada um(a) um cartão com o pirulito.

b) Antes de entrar no espaço do encontro, parar na porta, que estará fechada.

Catequista: Com este coração queremos manifestar a vocês o amor com que Jesus e nós os(as) recebemos neste primeiro encontro.

c) Em seguida de mãos dadas entram cantando o canto: *Deus chama a gente* (p. 323, n. 1.475). Entre um refrão e outro, cada um(a) se apresenta dizendo como está se sentindo ao responder ao chamado de Jesus, por meio das convocações.

d) O padre irá apresentar a equipe falando da missão dos(as) catequistas e acompanhantes. Cada acompanhante se apresenta, falando da alegria de poder acompanhá-los durante este caminho de catequese.

3. Escolha do(a) acompanhante

Refletir como será o processo de escolha do acompanhante considerando:

a) A equipe de coordenação prossegue com a escolha do(a) acompanhante.

Primeira opção: dar aos jovens e adultos a oportunidade de escolherem seus acompanhantes.

Segunda opção: por meio de indicação do(a) catequista ou sorteio para aqueles que não escolheram.

b) Uma vez escolhidos os acompanhantes, estes terão dez minutos para combinar o primeiro encontro de acompanhamento: Quando? Onde? (a critério das pessoas).

4. Esclarecendo o processo

Refletir juntos como encaminhar as explicações do processo de modo que todos estejam em perfeita sintonia e comunicação. Ou seja, que as informações que serão transmitidas aos jovens e adultos não sejam contraditórias. Para tanto, o padre ou os(as) catequistas podem esclarecer ao grupo que o ideal é que os nove encontros de evangelização aconteçam nas casas dos jovens e adultos, a serem escolhidas pela turma ou por meio de sorteio. Contudo, levando em consideração as diferentes realidades, estes encontros poderão acontecer na própria comunidade. Porém, na medida do possível, é importante que aconteça nos lares para o envolvimento das famílias.

5. Encaminhamento

Cientes dos momentos que foram refletidos, é necessário que a equipe considere para o primeiro encontro os seguintes aspectos:

a) Antes de terminar o encontro de acolhida de jovens e adultos, a equipe deve combinar o primeiro encontro de evangelização, deixando que alguém se ofereça ou sorteando a casa.

b) Na medida do possível, é importante que todos se reúnam na porta da igreja, de onde sairão para a primeira casa. Seria muito bom se o pároco realizasse uma breve reflexão com uma bênção de envio.

6. Oração

A oração é um dos pontos altos de cada encontro. No primeiro encontro seu caráter é de chamado e acolhida; portanto, é importante que os(as) catequistas preparem uma bonita oração de abertura e encerramento, considerando o objetivo do encontro.

Diante de toda essa preparação e de tudo que se percebe que deverá ser feito durante o processo de iniciação, alguns poderão dizer: Ah! Mas isso vai dar muito trabalho! Quem vai querer se esforçar tanto?

Então propomos que a equipe de Catequese de Iniciação à Vida Cristã reflita sobre esta parábola:

Para quem construímos?

Um operário estava trabalhando há muitos anos numa firma de construção civil e vinha chegando o tempo de sua aposentadoria. Então, o diretor da empresa o chamou e lhe disse:

– Está chegando ao fim o seu tempo de trabalho conosco. Temos uma última tarefa para você antes da sua aposentadoria. Está aqui um terreno e queremos que você construa nele uma casa. Confiamos na sua experiência e na qualidade do seu trabalho. Então vamos deixar tudo por sua conta. Você escolhe o tamanho da casa, a planta, o material da construção e de revestimento, os acabamentos.

O operário, ansioso por se aposentar, fez o trabalho sem nenhum capricho, escolheu fazer uma casa bem pequena e mal-acabada. Quando deu por terminado o serviço, a firma lhe comunicou que aquela casa era o presente que a empresa queria lhe dar por tantos anos de trabalho...

Ao fazer um trabalho de boa qualidade no acolhimento de novos cristãos, conscientes e comprometidos, estamos construindo a "casa" da comunidade onde vamos morar como comunidade de fé. Isso vai exigir muita dedicação, mas será que não vale a pena? Afinal, os construtores do processo estão bem incluídos entre os que vão crescer e têm muito a ganhar nessa caminhada.

IV. Revendo/avaliação

Como avaliamos este encontro em relação à preparação que fizemos para acolher os jovens e adultos?

V. Oração final

Rezar o Pai-nosso e uma Ave-Maria.

Oremos

Deus Pai que acolhe a todos, fortalecei-nos no caminho que chamastes a construir. Dai-nos o dom para acolher nossos irmãos e irmãs que querem avançar para águas mais profundas. Dê-nos o Espírito de oração. Por Cristo Nosso Senhor. Amém.

Bênção

Deus que é Pai acolhedor nos abençoe em Nome do Pai e do Filho e do Espírito Santo. Amém.

5

Prosseguindo o estudo a partir das orientações do Ritual de Iniciação Cristã de Adultos

"Este rito de Iniciação Cristã é destinado a adultos que, iluminados pelo Espírito Santo, ouviram o anúncio do mistério de Cristo, e, conscientes e livres, procuram o Deus vivo e encetam o caminho da fé e da conversão. Por meio dele, serão fortalecidos espiritualmente e preparados para uma frutuosa recepção dos sacramentos no tempo oportuno" (RICA, p. 17, n. 1).

> *O mistério pascal e comunidade cristã são essenciais para o Caminho de Iniciação*

Este caminho da fé e da conversão para onde o Espírito do Senhor conduz os adultos vai sendo definido em um processo gradativo, no seio de uma comunidade cristã que foi gestada na luz e no dinamismo do mistério pascal. É importante reafirmar e aprofundar que estes dois elementos – mistério pascal e comunidade cristã – são essenciais para este caminho de iniciação.

A equipe do catecumenato só poderá assumir esta missão se estiver disposta a abraçá-la com amor, para que o mistério da redenção trazido por Jesus Cristo chegue aos jovens e adultos sedentos e famintos de um novo sentido para suas vidas. Isso vai exigir um longo caminho de conversão.

Conforme o RICA, esta tão exigente tarefa requer uma necessária organização estrutural: "O rito de Iniciação se adapta ao itinerário espiritual dos adultos, que varia segundo a multiforme graça de Deus, a livre cooperação dos mesmos, a ação da Igreja e as circunstâncias de tempo e lugar" (RICA, p. 18, n. 5).

Nesse itinerário, é muito importante que a equipe do catecumenato se revista de um profundo zelo na transmissão de informações, de ensinamentos à luz da revelação divina, confiados a Jesus e à sua Igreja, tendo em vista a maturidade da fé dos jovens e adultos. Além disto, o ritual fala em "etapas ou passos, pelos quais o catecúmeno, ao caminhar, como que atravessa uma porta ou sobe um degrau" (RICA, p. 18, n. 6). É essa forma de organizar o caminho de Iniciação à Vida Cristã que passamos a descrever, utilizando o nome de tempos e etapas. O RICA, a partir do n. 7, continua nos instruindo sobre um aspecto essencial da estrutura do catecumenato que são os tempos.

São quatro os tempos nos quais se organiza e define o caminho catecumenal. Estes constituem, em sua essência, oportunidades raras para informação, instrução e amadurecimento na fé. Sendo acolhidos com a devida seriedade e responsabilidade, pela equipe do catecumenato e pelos jovens e adultos, estes tempos vão gerar o melhor fruto: o amor, o gosto e o zelo pela vida em comunidade. É muito importante, para o nosso crescimento pessoal e a nossa missão como equipe do catecumenato, conhecer melhor estes quatro tempos, apoiados no Ritual.

> *O objetivo deste tempo do catecumenato é anunciar a pessoa de Jesus a partir de sua Palavra e de seus feitos.*

▶ 1° TEMPO – PRÉ-CATECUMENATO[6]

É dedicado à evangelização em nove encontros, de preferência nas famílias, a fim de que os jovens e adultos tenham como ponto de partida o encontro com o Deus vivo, por intermédio da pessoa de Jesus Cristo.

O Rito de Iniciação de Adultos, embora iniciando pela celebração de entrada no catecumenato (cf. RICA, cap. 1, p. 35, n. 68s.), faz uma importante referência a um tempo que denomina pré-catecumenato. É um primeiro tempo dedicado à evangelização (cf. RICA, n. 9, p. 19).

---

[6] Este tempo se refere ao segundo volume desta coleção.

Iniciação à Vivência Cristã I

O objetivo deste tempo é anunciar a pessoa de Jesus a partir de sua Palavra e de seus feitos, que tornam palpáveis o seu amor, bondade, compaixão e misericórdia. Por isso, a única expectativa da Igreja na direção dos jovens e adultos é que, por meio da evangelização, ou seja, do anúncio da Boa-nova que o Pai enviou na pessoa de seu Filho, brotem a fé e os primeiros sinais de uma conversão inicial. Os sinais concretos de que isso aconteceu, percebidos, sobretudo pelos acompanhantes, são: a necessidade de rezar mais e melhor; o interesse pela leitura da Bíblia, principalmente dos evangelhos, e o entusiasmo crescente pelos encontros com a pequena comunidade que está fazendo o caminho de Jesus.

Todo este primeiro tempo do pré-catecumenato é dedicado a esta evangelização, para que amadureça nos jovens e adultos a decisão sincera do seguimento de Jesus Cristo na comunidade cristã, alimentando o desejo de participar com amor e entusiasmo dos sacramentos da Iniciação à Vida Cristã.

Para que as portas desses corações que estão chegando a Jesus, ou retornando, se abram, existe uma séria exigência: que a equipe do catecumenato se dedique com o mais refinado zelo pela acolhida, para que percebam, por meio dos gestos fraternos, o quanto são importantes para Deus e para a Igreja, na comunidade concreta que os está recebendo.

Durante o pré-catecumenato os jovens e adultos devem receber, por intermédio do pároco, catequistas e acompanhantes, bênçãos e orações especiais (cf. RICA, n. 13, p. 20).

1ª Etapa – Celebração de entrada no catecumenato[7]

O catecumenato se inicia a partir da primeira etapa, com a celebração de entrada neste segundo tempo. Essa primeira etapa é o primeiro dos três ritos litúrgicos, que o ritual apresenta como uma

---

[7] Encontraremos esta celebração no terceiro volume. É ela a porta de entrada para este segundo tempo.

porta aberta; só será atravessada mediante a aprovação da equipe e, sobretudo, pela escolha madura e sincera dos pré-catecúmenos. Nessa celebração de entrada, eles vão experimentar a presença concreta de Jesus, o Bom Pastor, que, por meio de gestos, palavras e sinais da Igreja, revela o profundo zelo pelas ovelhas que lhe são confiadas.

Ao fazer este estudo é muito importante que a equipe já tenha um primeiro contato com essa celebração de entrada, também denominada Rito de Instituição dos Catecúmenos (cf. RICA, n. 61-97, p. 32ss.).

Quando os pré-catecúmenos são acolhidos para este segundo tempo, isso significa que já manifestam à Igreja os rudimentos da vida espiritual e os fundamentos da doutrina cristã, ou seja: a fé inicial recebida no tempo do pré-catecumenato, os sinais concretos de conversão e o desejo de mudança de vida, numa busca pessoal de Deus através da oração e do desejo de participar da comunidade cristã.

▶ 2° TEMPO – CATECUMENATO[8]

O segundo tempo do catecumenato deve oportunizar a iniciação no Mistério da Salvação e a vivência na vida de comunidade.

Embora este nome seja aplicado a todo processo de Iniciação à Vida Cristã, esta é uma denominação específica do segundo tempo. Podemos aprofundar o nosso estudo sobre ele, afirmando a partir do ritual: o catecumenato é, dos quatro tempos da Iniciação à Vida Cristã, o mais longo. É importante saber que, nas comunidades dos primeiros séculos, o processo todo não acontecia em menos de três anos. Hoje, na realidade em que vivemos, em se tratando de adultos não é possível exigir tanto, mas, se o caminho for planejado para um ano e meio, o segundo tempo deverá ocupar ao menos oito meses. Por quê? Este é o tempo de maior densidade, onde:

---

[8] Quanto ao material correspondente a este tempo encontra-se no terceiro volume desta coleção.

72   Iniciação à Vivência Cristã I

a) As catequeses são ministradas pelo padre, diáconos (se houver) e catequistas. Devem acontecer progressivamente, estabelecendo sua ligação com o ano litúrgico. Daí vem a importância de celebrações da Palavra, bem preparadas e bem participadas pelos catecúmenos. Assim, neste segundo tempo a equipe deverá proporcionar não só o conhecimento da doutrina, dogmas e preceitos, mas dar a eles a oportunidade de serem iniciados no Mistério da Salvação de que desejam participar intensamente um dia, quando receberem os sacramentos.

b) Acima de tudo, este tempo deve ser o espaço para a vivência na vida da comunidade. Para isto o pároco, os(as) catequistas e acompanhantes devem proporcionar-lhes encontros nos quais poderão conhecer a organização das diversas forças vivas que movimentam a paróquia. A isto chamamos de estágio pastoral.

c) Assim estarão apoiados pela Igreja na comunidade, por meio do conhecimento que faz crescer a fé, da convivência fraterna que gera o amor, dos ritos litúrgicos apropriados que alimentam o encontro com o Deus de Jesus Cristo. Os jovens e os adultos se sentirão, gradativamente, protegidos e apoiados pelas bênçãos divinas. É assim que o caminho da Iniciação à Vida Cristã vai multiplicando as conquistas dos novos cristãos, apaixonados por um Deus que se revela nos gestos concretos da comunhão fraterna, para também um dia se tornarem discípulos(as) e missionários(as) do novo Reino que o Senhor Jesus veio anunciar.

2ª Etapa – Celebração de eleição ou inscrição do nome

Tendo concluído o segundo tempo, propriamente denominado catecumenato, acontece a segunda etapa. Esta é uma celebração marcante e especialmente decisiva no caminho catecumenal. Isto já vem definido no seu próprio nome – eleição ou inscrição do nome. A partir desta, a Igreja acolhe o catecúmeno como eleito de Deus, pois é Ele mesmo quem o elege.

A Igreja acolhe o catecúmeno como eleito de Deus, pois é Ele mesmo quem o elege.

Formando Equipes de Iniciação à Vida Cristã

Para comprovar sua fidelidade a esta especial eleição, a celebração prevê um momento em que escreve seu nome no livro dos eleitos.

▶ 3º Tempo – Iluminação e purificação[9]

Após a celebração de eleição acontece o terceiro tempo, o mais curto de todo o caminho catecumenal, que acontece normalmente nos quarenta dias da Quaresma. Os catecúmenos entram nele, por meio da porta que é a segunda etapa, em um belíssimo rito litúrgico denominado Celebração da Eleição ou Inscrição do Nome.

Essa celebração confere uma grande solenidade ao itinerário de Iniciação à Vida Cristã onde os catecúmenos recebem o nome de eleitos. "Denomina-se 'eleição' porque a Igreja admite o catecúmeno baseada na eleição de Deus, em cujo nome ela age" (cf. RICA, n. 22, p. 23).

A segunda etapa (que é a celebração da eleição) dá início ao tempo da purificação e iluminação, "consagrado a preparar mais intensamente o espírito e o coração" dos eleitos, que são aqueles que passam a ser considerados pela Igreja em condições de participarem dos sacramentos na celebração pascal (cf. RICA, n. 22, p. 23).

Porém, para os catecúmenos chegarem a este terceiro tempo é necessário que a Igreja, através da equipe do catecumenato, perceba neles sinais concretos de "conversão de mentalidades e costumes, suficiente conhecimento da doutrina cristã, senso da fé e da caridade. Requer-se ainda que sua idoneidade seja comprovada" (cf. RICA, n. 23, p. 23).

A seriedade com a qual este tempo, marcado pela iluminação e purificação, é conduzido está mais relacionada à vida interior do que à catequese. Para isso, por meio dos ritos, dos relacionamentos

---

[9] O conteúdo que contempla este terceiro tempo está no quarto volume desta coleção.

com a comunidade cristã, na presença constante dos padrinhos e madrinhas, é proporcionado a eles(as) oportunidades para purificar os corações e espíritos, através de exame de consciência e penitência. Assim, se apresentarão na festa pascal bem-iluminados pelo conhecimento mais profundo de Jesus Cristo, com quem vão selar o compromisso de uma vida inteiramente marcada pelos valores cristãos.

Os ritos próprios deste terceiro tempo, chamados de escrutínios, são três e acontecem assim:

1º escrutínio: terceiro domingo da Quaresma.

2º escrutínio: quarto domingo da Quaresma.

3º escrutínio: quinto domingo da Quaresma.

Se motivos pastorais o exigirem, poderão ser celebrados em outros domingos e até em dias da semana. O objetivo dos escrutínios é: purificar, aperfeiçoar os sentimentos, os desejos, as decisões e a adesão, fortalecendo-nos contra as tentações, orientando os propósitos e estimulando as vontades (cf. RICA, n. 154, p. 69). São uma espécie de exame de consciência, conduzido dentro dos objetivos do processo de iniciação.

O objetivo dos escrutínios é: purificar, aperfeiçoar os desejos, as decisões e a adesão, fortalecendo-nos contra as tentações, orientando os propósitos e estimulando as vontades.

Outras atividades próprias deste terceiro tempo são as celebrações de transição nas quais acontecem as "entregas", onde a Igreja confia aos eleitos os mais preciosos e antigos documentos da fé e da oração: o Símbolo (Creio) e a Oração do Senhor (Pai-nosso), para ajudar os iniciantes a aprofundarem a identidade que se propõem a assumir, num processo de iluminação (cf. RICA, n. 25, p. 23).

Durante este tempo acontecem outras celebrações, que ajudarão a enriquecer a caminhada do catecumenato.

O começo da Semana Santa até a sexta-feira, que deve ser vivida pelos eleitos em profunda comunhão com a Paixão do Senhor Jesus, prepara para o último momento essencial deste tempo de iluminação e purificação: os ritos de preparação imediata. Em vista disso, o ritual aconselha a exortarem os eleitos para que reservem o dia do sábado santo para o recolhimento, a oração e o jejum, sendo feito conforme as forças de cada pessoa.

> "Constituem os ritos da preparação imediata: a recitação do símbolo, o éfeta, a escolha do nome cristão e, se for o caso, a unção com o óleo dos catecúmenos" (cf. RICA, n. 26, item 2, p. 24).

3ª Etapa – Celebração dos sacramentos na Vigília Pascal

Após uma longa expectativa, enriquecida pela evangelização, as catequeses, momentos de profunda vivência espiritual nas celebrações de transição e da Palavra, na penitência e busca de conversão, os catecúmenos são acolhidos pela Igreja, no dizer de Santo Agostinho, na mãe de todas as vigílias, a Vigília Pascal. No ventre fecundo de tão luminosa mãe vão sendo mergulhados nas três fontes salutares dos sacramentos de Iniciação à Vida Cristã.

Os eleitos que ainda não foram batizados são mergulhados na morte e ressurreição de Cristo, de onde ressurgem para a vida em plenitude. Na riqueza e santidade desse rito batismal experimentam pela primeira vez o que significa pertencer a Deus, tornar-se herdeiro no seu Filho e somente por Ele e para Ele viver.

Com a unção do crisma começam a participar do sacerdócio real dos batizados, sendo integrados no povo de Deus, onde assumem a missão de edificar o novo reino anunciado por Jesus. A veste branca com que são revestidos é "o símbolo de sua nova dignidade". "A vela acesa mostra sua vocação de viver como convém aos filhos da luz" (cf. RICA, n. 33, p. 25). Em seguida, tudo é duplamente selado pelo Sacramento da Confirmação, que nos reveste da dignidade de herdeiros no Filho amado do Pai.

Só falta um terceiro momento para tornar a felicidade plena: a participação do banquete eucarístico, que consuma todo o processo da Iniciação à Vida Cristã. Agora pertencem para sempre ao Senhor do caminho. "Comungando do Corpo que nos foi dado e do Sangue derramado por nós, confirmam os dons recebidos e antegozam dos dons eternos" (cf. RICA, n. 36, p. 26).

Estas três etapas, entre um tempo e outro, devem ser consideradas como os momentos mais fortes e densos da Iniciação à Vida Cristã. Para tornar mais claro, podemos dizer que as etapas acontecem em três ritos litúrgicos, que somam beleza, profundidade e seriedade em uma única celebração: a primeira pelo rito de instituição dos catecúmenos é a Celebração de Entrada no Catecumenato; a segunda pela eleição é a Celebração de Inscrição do Nome; e a terceira, pela Celebração dos Sacramentos. Esta faz crescer ainda mais no coração dos jovens e dos adultos o desejo e o propósito de se tornarem discípulos e discípulas do Caminho, que é Jesus.

▶ 4° TEMPO – MISTAGOGIA[10]

Neste pequeno, mas grandioso tempo de graça, a comunidade abraça os "neófitos", que de mãos entrelaçadas, "quer pela meditação do Evangelho e pela participação da Eucaristia quer pela prática da caridade, vão progredindo no conhecimento mais profundo do mistério pascal e na sua vivência cada vez maior" (cf. RICA, n. 37, p. 26).

É um tempo especial de graça que jorra na vida dos novos cristãos, onde lhe são transmitidos conhecimentos mais completos e profundos, acerca dos mistérios celebrados nos sacramentos de Iniciação à Vida Cristã.

Não poderia faltar este tempo, onde vão confirmar em sua vida a renovação espiritual, a oportunidade de saborear na intimidade a boa Palavra de Deus, de entrarem em comunhão com o Espírito Santo e fazerem a experiência de como o Senhor é bom e amoroso. Com essa "experiência, que todo cristão possui, e cresce pela prática da vida cristã, adquirem novo senso da fé, da Igreja e do mundo" (cf. RICA, n. 38, p. 26).

---

[10] Em grego mistagogia quer dizer: *mist* – mistério oculto. *Agein* – conduzir, guiar. Isto é: conduzir pelo mistério. O conteúdo apresentado neste tempo equivale ao quinto volume da coleção.

Formando Equipes de Iniciação à Vida Cristã

A participação fervorosa e consciente dos sacramentos abre caminhos tanto para uma compreensão mais profunda das sagradas escrituras como para um melhor relacionamento fraterno na vida de comunidade. Com novos cristãos assim tão bem preparados e encaminhados a Igreja terá um novo rosto para apresentar ao mundo, revelando como é maravilhoso ser seguidor de Jesus Cristo, o Único Caminho que leva ao Pai.

Durante a mistagogia, que deve coincidir com o tempo pascal, a equipe com os padrinhos e as madrinhas deve preparar os novos cristãos para a participação nas chamadas "missas pelos neófitos" ou missas do Domingo de Páscoa. A presença destes novos cristãos sedentos de Deus é um forte testemunho que vai trazer uma nova vida para a comunidade cristã (cf. RICA, n. 40, p. 27).

QUADRO GERAL DA INICIAÇÃO À VIDA CRISTÃ[11]
(catecumenato pré-batismal) conforme o RICA

Os **tempos** são os períodos bem determinados. As **etapas** são as grandes celebrações de passagem de um para o outro tempo.

1º TEMPO Pré-catecumenato ou Primeiro Anúncio (querigma)	1ª ETAPA - Rito de Admissão dos Candidatos ao Catecumenato (entrada) - Pároco	2º TEMPO Catecumenato (tempo mais longo de todos)	2ª ETAPA - Preparação para os Sacramentos (eleição) - Pároco	3º TEMPO Purificação e Iluminação (quaresma)	3ª ETAPA - Celebração dos Sacramentos de Iniciação (Vigília Pascal) - Pároco	4º TEMPO Mistagogia (tempo pascal)
Tempo de aolhimento na comunidade cristã: - PRIMEIRA EVANGELIZAÇÃO - Inscrição e colóquio com o catequista - Ritos: catequistas + equipes litúrgicas		Tempo suficientemente longo para: - CATEQUESE, REFLEXÃO, APROFUNDAMENTO - Vivência cristã, conversão. - Entrosamento com a Igreja. - Ritos: catequistas + equipes litúrgicas.		Preparação próxima para Sacramentos: - Escrutínios - Entrega do Símbolo e da Oração do Senhor - CATEQUESE - Práticas quaresmais (CF, etc.) - Ritos: catequistas + equipes litúrgicas		- Aprofundamento e maior mergulho no mistério cristão, no mistério pascal, na vida nova. - Vivência na comunidade cristã.

---

[11] Para inspirar este esquema explicativo consultamos a proposta apresentada em "Iniciação à Vida Cristã. Um processo de inspiração catecumenal. Estudos da CNBB 97, p. 49.

Referências

Bíblia Sagrada – Edição Pastoral. 72ª impressão. São Paulo: Paulus, 1990.

CARPANEDO, P. *Ofício Divino das Comunidades*: uma introdução. 3. ed. São Paulo: Paulinas, 2008.

Catecismo da Igreja Católica (CIC). Edição típica vaticana. São Paulo: Loyola, 2000.

Catequese Renovada. 29. ed. São Paulo: Paulinas, 2000 [Documento da CNBB, n. 26].

Diretório Nacional de Catequese. 2. ed. Brasília: CNBB, 2008 [Documento da CNBB, n. 84].

Documento de Aparecida. Brasília/São Paulo: CNBB/ Paulinas/ Paulus, 2007.

Iniciação à Vida Cristã: um processo de inspiração catecumenal. Brasília: CNBB, 2009 [Estudos da CNBB, n. 97].

KOLLING, M.; PRIM, J.L. & BECKHÄUSER, A. (orgs.). *Cantos e orações* – Para a liturgia da missa, celebrações e encontros. Petrópolis: Vozes, 2008.

LIMA, L.A. "Memória do catecumenato na história". In *Estudos da CNBB*. N. 84. São Paulo: Paulus, 2001, p. 229 [Com adultos, catequese adulta – Segunda semana brasileira de catequese].

ORMONDE, D. "A iniciação e o rito do catecumenato em etapas". *Revista de Liturgia*, n. 163, jan.-fev./2001, p. 34-35. São Paulo.

_____. "Pontos de partida para um catecumenato em etapas – Acompanhamento espiritual". *Revista de Liturgia*, n. 164, mar.-abr./2001, p. 28-29. São Paulo.

RICA (Ritual de Iniciação à Vida Cristã de Adultos). 5. ed. São Paulo: Paulus, 2009.

Os autores

MARIA AUGUSTA BORGES é leiga consagrada. Natural de Araguari, MG. Formada em Teologia. Possui formação em Liturgia pela Rede Celebra e na área Bíblico-catequética. Reside na Paróquia São Domingos, Diocese de Goiás, onde assessora a Pastoral Catequética.

Pe. LEANDRO FRANCISCO PAGNUSSAT é assessor diocesano da Comissão Bíblico-catequética na Diocese de Goiás. Especializando em Pedagogia Catequética pela Pontifícia Universidade Católica de Goiás/PUC-Goiás. É pároco da Paróquia São Domingos, em Itapirapuã, Diocese de Goiás.

CULTURAL
Administração
Antropologia
Biografias
Comunicação
Dinâmicas e Jogos
Ecologia e Meio Ambiente
Educação e Pedagogia
Filosofia
História
Letras e Literatura
Obras de referência
Política
Psicologia
Saúde e Nutrição
Serviço Social e Trabalho
Sociologia

CATEQUÉTICO PASTORAL
Catequese
Geral
Crisma
Primeira Eucaristia

Pastoral
Geral
Sacramental
Familiar
Social
Ensino Religioso Escolar

TEOLÓGICO ESPIRITUAL
Biografias
Devocionários
Espiritualidade e Mística
Espiritualidade Mariana
Franciscanismo
Autoconhecimento
Liturgia
Obras de referência
Sagrada Escritura e Livros Apócrifos

Teologia
Bíblica
Histórica
Prática
Sistemática

REVISTAS
Concilium
Estudos Bíblicos
Grande Sinal
REB (Revista Eclesiástica Brasileira)
SEDOC (Serviço de Documentação)

VOZES NOBILIS
Uma linha editorial especial, com importantes autores, alto valor agregado e qualidade superior.

PRODUTOS SAZONAIS
Folhinha do Sagrado Coração de Jesus
Calendário de Mesa do Sagrado Coração de Jesus
Agenda do Sagrado Coração de Jesus
Almanaque Santo Antônio
Agendinha
Diário Vozes
Meditações para o dia a dia
Guia Litúrgico

VOZES DE BOLSO
Obras clássicas de Ciências Humanas em formato de bolso.

CADASTRE-SE
www.vozes.com.br

EDITORA VOZES LTDA.
Rua Frei Luís, 100 – Centro – Cep 25689-900 – Petrópolis, RJ – Tel.: (24) 2233-9000 – Fax: (24) 2231-4676 – E-mail: vendas@vozes.com.br

UNIDADES NO BRASIL: Aparecida, SP – Belo Horizonte, MG – Boa Vista, RR – Brasília, DF – Campinas, SP
Campos dos Goytacazes, RJ – Cuiabá, MT – Curitiba, PR – Florianópolis, SC – Fortaleza, CE – Goiânia, GO – Juiz de Fora, MG
Londrina, PR – Manaus, AM – Natal, RN – Petrópolis, RJ – Porto Alegre, RS – Recife, PE – Rio de Janeiro, RJ
Salvador, BA – São Luís, MA – São Paulo, SP
UNIDADE NO EXTERIOR: Lisboa – Portugal